ÉTUDES COMPLÉMENTAIRES

DE

L'ESPRIT

DU

DROIT ROMAIN

I

DE LA FAUTE EN DROIT PRIVÉ

—

FRAGMENT HISTORIQUE

PAR

R. von JHERING

Professeur ordinaire de droit à l'Université de Goettingen

TRADUIT AVEC L'AUTORISATION DE L'AUTEUR

PAR

O. DE MEULENAERE

Conseiller à la Cour d'Appel de Gand

PARIS

A. MARESCQ, Aîné, ÉDITEUR

20, rue Soufflot

Au coin de la rue Victor-Cousin

MDCCCLXXX

Chez le même éditeur

L'ESPRIT DU DROIT ROMAIN

dans les diverses phases de son développement

par R. von JHERING

Professeur ordinaire de droit à l'Université de Goettingen

traduit sur la 3e édition avec l'autorisation de l'auteur

par O. de MEULENAERE

Conseiller à la Cour d'appel de Gand

DEUXIÈME ÉDITION

1880, 4 beaux volumes in-8° . . . . . . fr. 40-00

DU FONDEMENT DE LA PROTECTION POSSESSOIRE

Révision de la théorie de la Possession

par R. von JHERING

DEUXIÈME ÉDITION, REVUE ET AUGMENTÉE

traduit avec autorisation de l'auteur et précédé d'une introduction

par O. de MEULENAERE

COURS ÉLÉMENTAIRE DE DROIT ROMAIN

Contenant : 1° Un abrégé de l'histoire externe du droit romain ; 2° L'explication complète des institutes de Gaius et des institutes de Justinien ; 3° L'explication des principaux textes du digeste et du code ainsi que des Novelles qui s'y rapportent

par M. Charles DEMANGEAT

Professeur honoraire à la faculté de droit de Paris, Conseiller à la Cour de cassation

TROISIÈME ÉDITION, REVUE ET AUGMENTÉE

2 forts volumes in-8° . . . . fr. 20-00

INSTITUTES DE GAIUS

Contenant le texte et la traduction en regard avec le commentaire au dessous

par M. DOMENGET

Docteur en droit, Juge d'instruction à Bergerac

NOUVELLE ÉDITION REVUE ET CONSIDÉRABLEMENT AUGMENTÉE

1 volume in-8° . . . . fr. 8-00

COURS D'INSTITUTES ET D'HISTOIRE DU DROIT ROMAIN

par P. NAMUR

Professeur ordinaire à l'Université de Liége

Officier de l'ordre de Léopold

TROISIÈME ÉDITION, CORRIGÉE ET AUGMENTÉE

1878, 2 vol. in-8° . . . . fr. 16-00

I

DE LA FAUTE EN DROIT PRIVÉ

ÉTUDES COMPLÉMENTAIRES

DE

L'ESPRIT

DU

DROIT ROMAIN

I

DE LA FAUTE EN DROIT PRIVÉ

FRAGMENT HISTORIQUE

PAR

R. von JHERING

Professeur ordinaire de droit à l'Université de Goettingen

TRADUIT AVEC L'AUTORISATION DE L'AUTEUR

PAR

O. DE MEULENAERE

Conseiller à la Cour d'Appel de Gand

PARIS

A. MARESCQ, Aîné, ÉDITEUR

20, rue Soufflot et 17, rue Victor-Cousin

MDCCCLXXX

Gand, impr. Eug. Vanderhaeghen

Parcourir les domaines encore inexplorés de la nature ou de l'histoire, enrichir la science d'observations et de découvertes entièrement nouvelles, est une des plus heureuses chances que puisse rencontrer la recherche scientifique. Mais pareil bonheur ne peut échoir dans la même mesure à chaque science particulière. Si devant les sciences naturelles s'étend un champ indéfini d'observations et de découvertes encore inconnues, si chaque découverte nouvelle, loin de retrécir cet horizon, ne fait que l'agrandir davantage, il en est autrement pour les sciences historiques. Dans celles-ci, il arrive un moment où, faute de pouvoir utiliser des sources nouvellement découvertes, la recherche scientifique doit se borner à envisager les faits déjà connus sous des côtés différents, à des points de vue nouveaux, mais sans pouvoir augmenter sensiblement la somme même des faits. Tel est, depuis vingt ans, le sort de l'histoire du droit romain. Les matériaux historiques dont la découverte des institutes de Gaius avait enrichi la science de ce droit ont été tous moissonnés. La récolte est épuisée, ou du moins ces vingt dernières années n'ont-elles pu élargir le cadre de l'histoire du droit au point que l'on doive nécessairement trouver insuffisante ou incomplète une exposition de l'histoire du droit romain écrite en 1840. En cette matière donc, la recherche historique ne peut plus que glaner sans grand profit; force lui est de suivre la voie déjà ouverte; elle ne peut que creuser plus intimement la matière déjà existante, sans espoir de l'augmenter considérablement. Cette tâche, il est vrai, est non moins importante et non moins nécessaire que celle d'amonceler des matériaux nouveaux, car c'est grâce à elle que nous nous approprions réellement la connaissance de tous les éléments scientifiques déjà existants. Le présent essai n'a point d'autre portée. Il n'apportera rien d'essentiellement neuf; il ne fera qu'expliquer ce qui existe déjà, de manière à mettre mieux en relief, à faire mieux comprendre une matière très étudiée et cependant très controversée du droit civil de Rome.

I

De toutes les notions du droit, celle de la *peine* est la plus importante au point de vue de l'histoire de la civilisation. Elle est le reflet de la pensée et du sentiment du peuple à une époque déterminée; elle donne le niveau exact de sa moralité, et semblable à une cire molle, elle reçoit et garde fidèlement l'empreinte de toutes les phases du développement moral de la nation. Des siècles entiers ont passé sur les autres notions du droit sans laisser aucunes traces : les notions fondamentales des droits réels de Rome, la propriété, la possession, les servitudes sont restées à peu près ce qu'elles étaient il y a deux mille ans. En vain les interrogerait-on sur les variations qu'ont subi dans l'intervalle les peuples qu'elles ont régis.

Ces notions représentent en quelque sorte la charpente, l'ossature de l'organisme du droit, qui ne subit plus de changements dès qu'elle est parvenue à sa pleine croissance. Mais c'est dans le droit criminel que réside le centre où viennent aboutir les nerfs les plus vivaces, les veines les plus délicates de cet organisme: chaque impression, chaque sensation s'y traduit extérieurement et d'une manière visible. Le droit criminel, c'est le visage du droit réfléchissant l'individualité toute entière du peuple, sa pensée, ses sentiments, son caractère, ses passions, son degré de civilisation ou de barbarie, toute son âme, en un mot : c'est le peuple même. L'histoire du droit criminel des peuples est un fragment de la psychologie de l'humanité.

Ce n'est point ici la place d'énumérer les gigantesques révolutions qu'ont subies la conception et la physionomie de la peine dans le cours des temps : nous n'avons d'autre prétention que d'apporter un modeste appoint dans l'étude de ces phénomènes. Notre sujet appartient au domaine du droit civil romain, mais il mérite cependant d'occuper une page dans les annales, non point du droit criminel tel que nous l'entendons de nos jours, mais du développement de la notion de peine dans l'histoire. La séparation qui s'est établie à l'époque moderne entre le droit criminel et le droit civil, bien que justifiée au point de vue de la systématique du droit actuel, a cependant engendré cet inconvénient que notre science a omis de donner à la notion de la peine, dans le droit civil, toute l'attention qu'elle méritait. Il faut bien le reconnaître, au surplus, l'importance et la portée de cette notion sont assez restreintes dans notre droit actuel. Abstraction faite de la peine conventionnelle, laquelle dépasse la notion de la peine prise dans le sens propre, les cas dans lesquels la doctrine actuelle fait encore mention d'une peine sont très problématiques. La plupart d'entre-eux n'ont de place que dans les livres, sans trouver application dans la vie. La notion de la peine s'est, dans le monde moderne, retirée de plus en plus dans le domaine du droit criminel, abandonnant celui du droit civil, dont elle pénétrait toutes les parties aux phases inférieures de la civilisation.

Devant un changement aussi significatif, nul homme habitué à s'enquérir du motif des choses, ne se contentera de l'observation du simple fait; il en recherchera l'explication, et engagé dans cette voie, il suivra la peine et remontera avec elle jusque dans le passé le plus reculé. A mesure qu'il s'élèvera, il verra se renouveler, jusque dans les périodes de développement primitives, ce même phénomène dont l'explication, pour notre droit actuel, formait l'occasion et le point de départ de sa recherche. *L'histoire de la peine est une abolition constante.* Au début du droit, la notion de peine règne souverainement; elle se manifeste dans chaque partie du droit, pénétrant plus ou moins profondément toutes les relations juridiques. Plus tard, le *champ d'action* de la peine se rétrécit, la notion de peine s'épure ; c'est ce qui marque le progrès du droit. Cette conclusion n'est acquise que pour le droit romain, mais elle s'applique néanmoins à tous les droits. Elle nous révèle un des faits les plus intéressants que l'histoire du droit puisse présenter pour l'éducation des peuples : le progrès accompli par l'homme, qui, parti de la passion sauvage, de la vengeance aveugle, aboutit à la modération, à l'empire sur soi-même, à la justice. C'est ce phénomène que nous allons montrer dans le développement du droit civil romain.

Pour faire bien comprendre ce qui va suivre, j'ai besoin de développer une distinction clairement exprimée en fait dans le droit romain, mais à laquelle ni la jurisprudence romaine, ni la jurisprudence moderne n'ont prêté l'attention voulue. Chacun apprécie la différence qui existe entre la réclamation du propriétaire contre le tiers possesseur de bonne foi de sa chose, et celle du volé contre le voleur. Dans le premier cas, il s'agit uniquement de l'existence d'un droit contesté : le demandeur ne se plaint point d'une violation consciente et coupable de son droit. Pareil reproche *peut* se produire, et il influera, dans ce cas, sur le degré de responsabilité, mais il ne *doit* pas se produire toujours; en d'autres termes, la faute subjective n'est pas un élément essentiel de la réclamation du demandeur. L'unique objet de cette réclamation est l'injustice d'un *état de fait* dans le chef du défendeur. Au contraire, l'action contre le voleur suppose nécessairement le reproche d'une violation du droit, c'est-à-dire d'une lésion intentionnelle de notre droit. La faute subjective est la base indispensable de cette action : point de vol sans intention.

Dans les deux cas, le demandeur cherche à réaliser son droit. Le jugement qui reconnaît ce droit et le rétablit, met donc fin à une injustice dans la personne de l'adversaire : injustice *objective* dans le premier cas, *subjective* dans le second. Je n'aperçois aucune objection fondée contre cette terminologie (¹). Merkel (²), il est vrai, a contesté que l'on puisse ainsi comprendre les deux espèces d'injustice dans une seule notion de genre, mais les motifs qu'il allègue ne peuvent être accueillis. Notre science peut lui être reconnaissante d'avoir marqué le rôle prépondérant de la faute dans l'injustice civile; il a su combler ainsi la lacune que la doctrine dominante avait laissée jusqu'ici entre l'injustice civile et l'injustice criminelle. Mais l'auteur va trop loin, à mon avis, lorsqu'il cherche à élever la faute comme le criterium exclusif de l'injustice. Comment désigner, en effet, la position du possesseur de bonne foi de la chose d'autrui? Juste, elle ne l'est point; il ne reste donc plus qu'à la nommer injuste. Je ne vois en aucune manière comment le juriste pourrait s'y soustraire, et que je sache, l'emploi du mot injustice dans ce sens est tout aussi ancien que le droit lui-même (³). Négliger l'indication de la faute dans la définition

(¹) Notre science n'a pas encore d'expression fixe et reçue; l'idée même n'a pas encore trouvé place dans nos recueils du droit romain. Et cependant, avouons-le à notre honte, Hegel dans sa philosophie du droit § 82 et s., a déjà reconnu et scientifiquement déterminé l'injustice objective dans le sens ci-dessus, comme une espèce particulière d'injustice. Il l'appelle en termes heureux, l'injustice *sans préjugé*. Je conserverais l'expression, si l'on pouvait, par antithèse, parler d'une injustice *avec préjugé*. Hegel lui-même y oppose, non point un seul terme, mais deux : la *fraude* et le *délit*, et cette division tripartite des formes de l'injustice, division incompréhensible et insoutenable pour les juristes, qu'il a préféré par amour pour sa méthode dialectique, mais en élevant violemment la fraude du rang d'espèce de délit à celui de notion de genre, peut avoir été cause que la notion de l'injustice objective n'a point trouvé accueil chez les juristes. Voir cependant Unger, *System des österreichischen Privatrechts*, II, § 109 et Neuner, *Wesen und Arten der Privatrechtsverhältnisse*, II, p. 182 s.

(²) Ad. Merkel, *Criminalistische Abhandlungen*, 1. Leipzig. 1867 p. 46 et s.

(³) Par ex. dans la procédure la plus ancienne de Rome : injuria *vindicare*. Gaius, IV, 16; de même l'expression : *injustum* appliquée au *sacramentum*.

de l'injustice doit, selon MERKEL, logiquement conduire à faire considérer même le vent et la pluie comme sujets de l'injustice. C'est oublier que si l'injustice objective est indépendante de la *faute*, elle exige cependant l'action de la *volonté humaine*. La grêle qui ravage mes champs ne lèse pas mon *droit*, elle ne frappe que l'*objet* de mon droit, un *bien*. Au point de vue du droit, il y a là un fait dépourvu de toute signification et contre lequel il n'est besoin d'aucune *action*. Mais qu'un tiers possède ma chose *bona fide*, et refuse de me la rendre, c'est une volonté humaine qui s'oppose à moi, qui non seulement retient mon *bien*, mais qui attaque mon *droit*, sciemment ou non : elle rend nécessaires, non point comme la grêle, des moyens de défense *physiques*, mais des moyens *juridiques*, car elle est une provocation directement dirigée contre mon *droit*. Bref, dans ce dernier cas, il ne s'agit pas d'un combat contre une force naturelle, il y a lutte entre le *droit* et l'*injustice*.

Ce n'est que dans la suite que je pourrai montrer avec détail combien cette distinction est imprimée dans le droit romain classique. Pour le moment je dois me contenter de l'avoir indiquée d'une manière générale.

Nous venons de constater que la faute est l'élément décisif de notre distinction. L'injustice subjective est une lésion coupable, l'injustice objective une lésion non coupable du droit. A cette différence de leurs conditions constitutives, se rattache naturellement une différence dans leurs effets. La conséquence naturelle de toute lésion coupable du droit d'autrui est l'obligation d'effacer les suites dommageables du fait, c'est-à-dire l'obligation de réparer le dommage, sans considérer si le coupable a ou non pu réaliser un profit quelconque, ni dans quelle mesure. La suite de la lésion non coupable, au contraire, ne peut, conformément à l'idée de justice, consister que dans la cessation de l'état de fait objectivement injuste. Il n'existe donc de réclamation, dans ce cas, qu'en tant et aussi longtemps qu'un pareil état subsiste. La *reivindicatio* contre le possesseur de bonne foi a pour condition la possession actuelle de sa part;

a-t-il précédemment perdu ou abandonné la possession, la revendication ne peut plus avoir lieu. Il y a plus, cette action ne vise la chose que dans son état actuel : le possesseur l'a-t-il endommagée, l'a-t-il en partie consommée, il ne doit de ce chef aucun dédommagement, car, propriétaire supposé, il a cru avoir le droit d'en agir ainsi ; n'ayant commis aucune faute, aucun reproche ne peut l'atteindre (4). Cela est aussi vrai, du reste, des actions *in personam* que de la *reivindicatio* et des autres actions *in rem*, sauf que dans celles-là le motif déterminant de l'obligation peut résider non seulement dans la détention actuelle, mais aussi dans un fait accompli, appartenant au passé, mais continuant à produire des effets, par exemple une dation accomplie, l'enrichissement, une promesse, un legs. Dans tous ces cas, le demandeur base sa réclamation uniquement sur son droit comme tel, sans avoir besoin d'invoquer en même temps la faute de l'adversaire. Comme dans la *reivindicatio*, c'est le fait seul de la lésion objective du droit, c'est-à-dire la résistance qui s'oppose à la poursuite de son droit, qui lui donne occasion d'agir (5). Dans ces cas aussi, comme dans la *reivindicatio* contre le *malae fidei possessor*, l'élément de faute *peut* venir à surgir *(mora, culpa, dolus)* et influer sur l'étendue de l'obligation. Mais ce n'est là qu'une modification subséquente dans le rapport primitif et ce serait une erreur de croire que l'action comme telle renferme déjà en elle, pour le défendeur, le reproche d'une lésion subjectivement coupable du droit d'autrui. L'héritier du débiteur originaire, qui ignore l'existence du rapport obligatoire n'a aucun reproche à se faire ; il ne souffrira dès lors aucune perte. En d'autres termes, il n'est pas *in mora* de ne pas satisfaire à la réclamation

(4) L. 31, § 3 de her. pet. (5, 3) *quia quasi suam rem neglexit, nulli querelae subjectus est.*

(5) Cette idée a été exactement reconnue, mais faussement appliquée par SAVIGNY. V. System V, § 230.

soulevée avant que le bien fondé ne lui en soit clairement démontré (6). Il est même possible qu'il en soit exactement de même du débiteur en personne. La conséquence de cette lésion objective du droit dans l'obligation, est la simple condamnation à la prestation de l'objet originaire de cette dernière, en tant que l'obligation n'ait pas été augmentée par une convention plus étendue (peine conventionnelle) ou diminuée par la perte fortuite de l'objet.

Nous ne nous étendrons pas plus longuement, pour le moment, sur la distinction entre l'injustice objective et subjective en général. Nous entrerons dans des développements plus détaillés en exposant ultérieurement le système du droit romain classique : nous verrons alors cette distinction établie de la façon la plus intelligente et la plus adroite. L'idée fondamentale sur laquelle elle repose se traduit en cette proposition d'une incontestable et éternelle vérité : point de peine sans faute. Maintenir l'équilibre entre la gravité de la peine et le degré de la faute est la mission la plus élevée de la justice.

II

Proposition d'une éternelle vérité, disons-nous ; certes, mais même ce qui est éternellement vrai, l'humanité a dû le découvrir, l'éprouver, le reconnaître. A l'origine de l'histoire, cette vérité était loin de prévaloir : les commencements du droit nous montrent plutôt, chez tous les peuples, des règles et des institutions qui semblent lui donner un énergique démenti. Comment expliquer ce fait? L'homme de la nature n'aurait-il su discerner

(6) L. 5 de R. Cr. (12, 1)... *Si aliqua justa causa sit, propter quam intelligere deberes te dare oportere.* L. 21, 22, 24 pr. de usur. (22, 1)... *Si juste ad judicium provocarit.* L. 42 de R. J. (50, 17). *Qui in alterius locum succedit, justam habet causam ignorantiae an id quod peteretur, deberetur.* L. 99, ibid. *Non potest* IMPROBUS *videri, qui ignorat quantum solvere debeat.*

entre la faute et l'innocence? L'expérience journalière va nous fournir la réponse. L'enfant frappe la pierre contre laquelle il s'est heurté; sous l'impression première de la douleur, l'homme fait lui-même ressent un mouvement involontaire d'humeur et de colère contre la cause innocente de cette douleur. Chez des hommes incultes et irascibles, ce mouvement ne se traduit que trop facilement en une manifestation extérieure. C'est ainsi que la douleur gouverne souverainement le sentiment juridique de l'homme de la nature (7). L'injustice est appréciée, non d'après sa *cause*, mais d'après son *effet*, non d'après des circonstances qui ont leur siège dans la personne de *l'auteur*, mais uniquement au point de vue du *lésé*. La pierre l'a frappé, il sent la douleur, et la douleur le pousse à la vengeance. Lorsque la passion est excitée, il n'importe guère que ce soit l'intention ou la négligence, ou même le hasard qui aient conduit la main qui a causé le mal. La passion impose l'expiation même à l'innocent. La simple contradiction lui paraît déjà une injustice. La contradiction est l'épreuve de l'empire sur soi-même, et la passion ne souffre point qu'on la contredise. Une simple divergence d'opinion irrite l'homme inculte et le conduit à des excès qu'il justifie en disant qu'on ment sciemment. Pour lui, comme pour l'enfant, dire la chose qui n'est pas vraie équivaut à mentir.

Cette observation est vraie pour les peuples comme pour les individus. Lorsqu'un peuple est passionnément ému pour une idée quelconque, il punit même la simple différence d'opinion. Alors les bûchers et la guillotine réfutent les idées; les erreurs, ou en d'autres termes les vérités qui déplaisent à la masse ou qu'elle ne comprend point, sont des crimes. La peine portée contre la partie qui succombe dans le procès est, dans le droit de la période d'enfance, une émanation de cette manière de voir.

(7) Je reproduis ici quelques passages de mon *Esprit du droit romain*, t. I, p. 127 (de la trad. fr.). Je veux m'acquitter de la promesse que j'y ai faite de développer cette matière au moins sous le rapport historique.

Comment se justifie cette disposition? La partie succombante a soutenu ce qui n'est pas vrai. Peut-être ce qu'elle soutenait était-il vrai, mais elle n'a pas pu en fournir la preuve, l'adversaire a dénié, ou le juge a refusé de la croire. Peu importe! elle a eu tort, elle doit être punie. Défiance, dureté, défaut d'indulgence, tels sont les traits fondamentaux du prétendu temps pieux de l'enfance des peuples !

L'éducation seule aide les peuples comme les individus à dépouiller le sentiment juridique de la passion dont il est primitivement empreint. Ce n'est que lorsque ce résultat est obtenu que le jugement parvient à établir une juste distinction entre l'injustice et la simple contradiction. C'est l'appréciation exacte de ces deux éléments de responsabilité qui, pour nous, forme la mesure de la culpabilité. La manière dont cette mesure reçoit son application dans les divers rapports du droit civil et criminel est un des critériums les plus sûrs de la phase de civilisation d'un droit. En effet, le signe le moins trompeur d'une véritable éducation est l'absence de passion, l'empire du jugement sur lui-même. Mais l'épreuve la plus sérieuse est sa manifestation même vis-à-vis d'un adversaire, et c'est précisément cette épreuve que subit un peuple, dans une matière où il a l'occasion de montrer comment il conçoit le rapport avec un adversaire : dans son *droit*. Comme le droit s'exprime, ainsi pense le peuple.

L'ancien droit civil de Rome nous présente un tableau saisissant de cette période que nous venons d'esquisser, celle où la passion règne dans le droit (*). Le trait fondamental qui s'en détache se résume en ces mots : *réaction violente contre toute injustice soufferte*. Cette réaction est violente, sans mesure, sous un double rapport :

(*) Les Romains eux-mêmes, dans les derniers temps, en avaient fort bien conscience. V. p. ex. le langage de Cicéron et d'Aulu-Gelle dans les passages cités ci-après (notes 10 et 12).

1. En ce que, dans l'aveuglement de la passion, elle perd de vue la culpabilité ;

2. en ce qu'elle ne se contente point de la simple réparation des conséquences dommageables de l'injustice, mais qu'elle exige en outre une satisfaction personnelle pour le sentiment irrité et lésé : elle réclame une *peine*.

Le premier fait est connu de tout le monde, et ne souffre aucune discussion (9). Il n'a cependant jamais été envisagé qu'au point de vue du droit criminel, tandis qu'il présente le plus grand intérêt au point de vue du droit civil et de la procédure. Je consigne ici les résultats auxquels cette étude m'a conduit.

Aux termes du droit le plus ancien, celui-là, qui même sans sa faute, avait causé la mort d'autrui, encourait la vengeance du sang. Cet état de choses resta en vigueur jusqu'à ce qu'une prétendue loi de Numa permit de racheter la dette du sang au moyen d'un bélier à fournir aux parents de la victime. C'était le bouc émissaire de l'antiquité romaine (10).

---

(9) Köstlin lui-même, qui est allé plus loin que n'importe quel auteur dans la reconnaissance du principe d'imputation dans le droit ancien de Rome et dans le droit germanique, (comp. son écrit : *Ueber Mord und Todtschlag*, p. 42 s., 67 s. et son : *System des deutschen Strafrechts*, I, p. 129-133) admet l'assertion ci-dessus par rapport à la *vindicta privata* du droit civil. Je ne rencontre pas chez lui la preuve que le principe de l'imputation aurait été admis *très tôt*, ainsi qu'il l'allègue, dans le droit pénal privé. Sur le parallèle qu'offrent les droits germaniques quant à la proposition ci-dessus dans le texte, v. les nombreuses sources et indications bibliographiques du second ouvrage ci-dessus, p. 130-132.

(10) Servius ad Virg. Ecl. IV, 43 (*Agnatis* pour *et natis*, émendation de Huschke ; *in concione* pour *cautione*, émendation de Scaliger). V. aussi Cic. *pro Tullio*, § 51. *Topica*, c. 17 où la règle de la loi des XII tables est reproduite : *Si telum manu fugit magis, quam jecit, ex quo aries ille subjicitur in vestris actionibus*. L'observation qu'ajoute Cicéron, dans le premier passage, est digne de remarque : *Quis est, cui magis ignosci convenit... quam si imprudens occiderit? Nemo opinor : haec enim tacita lex est humanitatis, ut ab homine consilii*, NON FORTUNAE POENA *repetatur*. *Tamen*

Celui qui, même par une simple imprudence (*imprudens*) commet un *piaculum*, c'est-à-dire qui enfreint les prescriptions du *fas*, doit payer un *piamentum* ([11]).

S'agissait-il de lésions corporelles, innocent ou coupable, l'auteur du fait subissait la peine du talion ou était soumis à la composition forcée, lorsque celle-ci eut remplacé la première peine ([12]).

Celui-là expiait par la peine du triple le fait d'avoir, à l'occasion d'une visite domiciliaire pratiquée chez lui, été trouvé détenteur d'un objet volé; peu importait qu'il eût connaissance du vol ou non ([13]). Le vendeur répondait du double en cas d'éviction de l'acheteur, sans distinguer s'il savait ou non que la chose qu'il avait vendue appartînt à autrui ([14]).

---

hujusce REI VENIAM MAJORES NON DEDERUNT, *nam lex est in XII tabulis : si telum excit.* V. pour plus de détails Ed. Platner, *Quaest. de jure crim. Rom.*, p. 37 et Rein, *Criminalrecht der Römer*, p. 403. On trouve encore ailleurs le bélier comme représentant le coupable. V. p. ex. Arnobius, Adv. gentes V, c. 21.

([11]) Macrobe, Saturn. I, 16. Varron de L. L. VI, 30. Danz, *Der sakrale Schutz im römischem Rechtsverkehr*. Jena, 1857. p. 98, 99.

([12]) Gellius XX, 1, § 15, 16, 34. *Neque ejus... tantam esse habendam rationem arbitrati sunt, ut an prudens imprudensne recepisset, spectandum putarent.*

([13]) Gaius, III, § 186... *quamvis fur non sit* ne serait pas décisif, mais bien le § 187 dans lequel on donne l'*act. furti oblati* contre le déposant, à celui chez lequel la chose a été trouvée. Il est à peine besoin de remarquer que cela se rapporte principalement, sinon exclusivement (L. 6 § 3 Mandati. 17, 1) au cas où le dépositaire n'était pas complice. V. contre les objections non fondées de juristes antérieurs : Köstlin, *Mord und Todtschlag*, p. 71.

([14]) Paulus, S. R. II, 17, § 3. Si la peine du double prononcée par la loi des XII tables, d'après Cicéron, de off. III. 16, contre le refus des choses promises lors de la *mancipatio*, atteignait aussi l'héritier, ainsi qu'on peut l'admettre dans l'esprit du droit ancien, elle peut également être citée ici.

L'*actio de tigno juncto* tendait au double même contre le possesseur de bonne foi [15].

La loi des XII tables punissait même le vol des mineurs. Elle leur appliquait, il est vrai, une peine moins forte qu'aux majeurs [16], mais à la différence du droit postérieur, elle ne se préoccupait nullement de leur maturité d'esprit individuelle, ni de leur degré de responsabilité [17].

Même les animaux et les choses inanimées devaient répondre du dommage qu'ils avaient occasionné, en ce sens du moins, pour les choses, que le lésé pouvait les retenir lorsqu'elles tombaient entre ses mains [18], tandis qu'il avait le droit d'obliger le propriétaire à lui livrer les animaux, pour se payer du dommage qu'il avait souffert [19]. La condition que l'animal doit avoir causé le dommage *contra naturam sui generis*, c'est-à dire l'application de l'idée de la culpabilité à ce rapport ne peut guère être attribuée à l'époque ancienne (V. plus loin). Ce qu'il y a de plus choquant, sous ce rapport, dans le droit ancien, c'est la célèbre exécution personnelle de la loi des XII tables. On se trouve en présence d'un acte du droit civil, et cependant on se croirait transporté sur le terrain du droit criminel et dans la région même des crimes les plus graves. Là, la disproportion entre la peine et la faute est des plus extrêmes. Le débiteur qui tombe en déconfiture, même à la suite de malheurs dont il n'est pas responsable, se voit réduit, *d'après le droit* lui-même, à expier son insolvabilité par la ruine de

---

[15] V. au surplus VANGEROW, *Lehrbuch der Pandekten*. I, § 300.

[16] GELLIUS, XI, 18, § 8. PLINE, H. N, XVIII. 3.

[17] Les explications de GOLDSCHMIDT dans : *Archiv für die Civ. Praxis*, t. 37, p. 440 s. me dispensent de développer plus longuement ce point.

[18] L. 9, § 3, damn. inf. (39, 2), L. 5, § 4 ad exhib. (10, 4). HEPP, *Die Zurechnung auf dem Gebiete des Civilrechts*, 1838, § 11.

[19] C'était une espèce de vengeance privée ; celui qui ne peut payer est livré au créancier. V. DIRKSEN, *Civil. Abhandl.*, I, p. 104 s. et HEPP, l. c., p. 103 s., qui cite une foule d'exemples tirés d'autres législations.

toute son existence. L'esclave institué héritier par son maître insolvable encourait l'infamie qui résultait de toute déconfiture, bien que personnellement il n'eût commis aucune faute [10].

La procédure romaine a fait une application spéciale de ce point de vue, qui s'est ainsi perpétué en partie jusque dans le droit nouveau. Nous appellerons *injustice de procédure* tous les faits où cette application s'est manifestée. L'*injustice de procédure*, c'est l'injustice que commet toute partie litigante qui conteste une réclamation fondée ou qui en soulève une non fondée. S'il y a bonne foi, l'injustice est simplement *objective*, mais si l'on a conscience du néant de ses prétentions, l'on commet une espèce d'injustice *subjective* (la *calumnia* du droit allemand).

En effet, l'injustice a beau se couvrir des formes légales de la procédure, elle n'en conserve pas moins le caractère de délit. L'intention méchante existe tout comme dans le *dolus*, et le danger pour l'adversaire est le même. Celui qui, de mauvaise foi, conteste la créance d'un autre, cherche à le priver de ce qui lui appartient. Il en est de même de celui qui fait valoir une prétention qu'il sait ne pas être fondée. Il y a là véritablement un vol revêtu de formes légales.

---

[10] GAIUS II, 154. Comme le rapporte GAIUS, SABINUS avait objecté : *eximendum eum esse ignominia, quia non suo vitio, sed necessitate juris bonorum venditionem pateretur*, en d'autres termes SABINUS appliquait aussi à ce point de l'ancien droit, l'appréciation moderne, *Sed alio jure utimur* ajoute GAIUS, sans répondre à l'argument de SABINUS : On croyait pour les esclaves pouvoir s'en tenir à l'ancienne rigueur du droit. En cas de déconfiture de personnes libres, si elle n'étaient pas coupables, la *lex Julia* leur ouvrait une voie pour éviter l'infamie, dans la *cessio bonorum*. D'après la *lex Julia municipalis*, émanée de César (a. 709) c. 25, v. 112, le débiteur était encore atteint d'infamie dans ce cas. La *lex Julia* la lui épargne; elle ne peut donc guère émaner de César. Ce ne peut être qu'un chapitre de l'organisation de la procédure civile d'Auguste : *Lex Julia judiciorum privatorum*.

C'est ce dont le droit romain ancien s'était parfaitement rendu compte. Aussi comminait-il des peines contre l'injustice de procédure comme contre toute autre. Seulement, et ceci est intéressant pour nous, il restait fidèle à l'idée que nous avons décrite déjà, et punissait la partie succombante sans distinguer si elle avait agi avec conscience ou non. Coupable et innocent sont frappés des mêmes peines en cas de défaite.

Les dispositions particulières de la procédure romaine dont il s'agit ici sont aujourd'hui à l'abri de toute controverse; elles sont très connues et il suffira de les énumérer. Ce sont :

1. La perte du *sacramentum* pour la partie succombante, dans la procédure *per sacramentum*.

2. Le paiement du double des fruits, dans l'ancienne procédure de la revendication, pour la partie qui avait obtenu les *vindiciae*, mais perdu le procès *(si vindiciam falsam tulerit)*.

3. La peine du double contre le défendeur déniant, dans la *legis actio per manus injectionem* et tous les cas où elle a été imitée *(ubi lis infitiando crescit in duplum)*.

4. La peine de la *sponsio poenalis* pour le défendeur, et la *restipulatio* qui y correspond, pour le demandeur; ce dont la *sponsio tertiae partis*, dans la *conditio certi*, n'était qu'une application.

5. La *summa fructus licitationis*, dans l'interdit *uti possidetis*, pour la partie qui, dans les enchères sur la possession, avait fait l'offre la plus élevée et avait ensuite succombé. C'est une imitation de la disposition ci-dessus (n° 2) pour la procédure formulaire.

6. La perte complète du procès, pour le demandeur, dans le cas de *plus petitio*.

7. La peine du dixième ou du cinquième contre le demandeur débouté, dans les causes où un *contrarium judicium* avait été donné contre lui ([21]).

([21]) GAIUS, IV, 177-178... *contrario judicio vero omnimodo damnatur actor, si causam non tenuerit, licet aliqua opinione inductus crediderit se recte agere.*

Pour que ces peines fussent encourues, il ne fallait point comme condition l'existence d'une injustice *consciente (calumnia)*; cela est formellement exprimé pour quelques-unes (22), et cela va de soi pour d'autres. Il ne peut y avoir de doute que pour la peine du double dans le n° 3, et pour la *sponsio poenalis* dont il est parlé au n° 5. Il résulte du texte mutilé de Gaius, IV, 172, que ces peines recevaient un adoucissement en faveur des héritiers du débiteur, ainsi que des femmes et des pupilles. Ces personnes pouvaient se rédimer au moyen du simple *juramentum calumniae*. Mais jusqu'où s'étendait ce privilège? Le texte n'indique point d'une manière précise si les deux peines étaient remises aux héritiers et si les femmes et les pupilles étaient exonérés de la peine du double (23). Les héritiers ne succèdent point aux peines encourues par leur auteur : cela est certainement une règle du plus ancien droit et il est donc *possible* que l'ancienne *legis actio per manus injectionem*, elle aussi, pouvait n'être dirigée contre les héritiers que pour le *simplum*. Cependant s'il est permis de faire des conjectures, je n'en crois rien pour ma part. Mais je n'insiste pas, les développements de cette opinion me conduiraient trop loin.

A côté des peines déjà indiquées, il en existait d'autres ; mais celles-ci n'étaient applicables à la partie succombante qu'à la condition expresse qu'elle fût en faute. C'étaient :

(22) Quant au n° 7, V. la note précédente. Quant à la *restipulatio*, V. Gaius IV, 180 : *et quemadmodum contrario judicio omnimodo condemnatur actor, si causam non tenuerit, nec requiritur, an scierit non recte se agere, ita et restipulationis poena omnimodo damnatur actor.*

(23) On avait cru, jusqu'ici pouvoir corriger le mot *ole* qui se trouve dans le manuscrit, en en faisant *solet*, et il eût été permis, si la correction avait été exacte, de trouver dans ce passage une indication que la disposition rapportée, par rapport aux deux espèces de personnes mentionnée, en dernier lieu, n'avait pas toujours été en vigueur, mais était un résultat de la pratique postérieure, animée d'un autre esprit que le droit ancien. Malheureusement, le travail de restitution de *Studemund* a renversé la correction proposée. Le mot *ole* doit être remplacé par *periculo*.

1. L'infamie. Elle frappait le défendeur condamné, dans les actions résultant de certains contrats. Cette peine frappait uniquement le coupable, elle n'atteignait point les héritiers [24]. Elle n'est également que la suite du procès et non du fait même, car lorsque le défendeur donnait ou offrait satisfaction à son adversaire, sans laisser le procès prendre ou suivre son cours, il échappait lui-même à cette peine.

2. La *sponsio dimidiae partis*, dans l'*act. de pecunia constituta.* D'après le langage des juristes romains en parlant de cette action [25], et eu égard à son âge relativement récent, on doit admettre que la peine n'atteignait que celui qui manquait à sa parole ; ses héritiers y échappaient.

3. La peine (*quadruplum* ou *juramentum in litem*) qui, dans les *act. arbitrariae*, atteignait le fait de ne pas se conformer à l'*arbitrium*. Le dol ou la contumace du défendeur étaient des conditions indispensables.

4. Le *judicium calumniae*. Il était accordé au défendeur, pour un dixième dans toutes les actions et pour un quart dans les interdits. Il supposait la preuve d'une injustice consciente dans le chef du demandeur [26].

A ces témoignages, suffisants déjà pour justifier l'assertion que nous avons émise plus haut (p. 12), pourraient s'en ajouter d'autres plus nombreux si le droit le plus ancien nous était plus exactement connu. Il est donc indifférent que nous disions que le droit ancien ignore l'élément de faute, ou que nous soutenions que pour lui, le fait lui-même prouve suffisamment la faute. L'innocent lui-même est frappé de peine. *Non consilii*, SED FORTUNAE *poena repetitur* : ainsi s'exprime CICÉRON dans le texte que nous avons cité. Le fait extérieur, comme tel, entraîne par

(24) L. 1. pr. de his qui not. (3. 2)... Suo *nomine... damnatus.*

(25) P. ex. L. 1. pr. de pec. const. (13. 5) *grave est* FIDEM FALLERE ; L. 25. pr. ibid. *fidem constitutae rei frangere..* V. aussi THÉOPHILE IV, 6. § 8. BRUNS *Zeitsch. f. Rechtsgesch.* I. p. 55, 56.

(26) GAIUS IV. 175, 178.

lui-même la peine, sans que son rapport avec la volonté soit ultérieurement pris en considération. En ramenant au fatalisme cette manière grossière d'envisager les choses, un auteur récent ([27]) croit lui prêter un certain côté idéal. « L'homme, dit-il, » est soumis au destin, son sort lui est dicté d'après ses mérites » par une puissance supérieure, à laquelle il ne peut résister. » La destinée, d'après cette opinion, apparaît comme mérite » ou comme faute de l'homme, selon que, même en l'absence » de toute volonté, il cause le bien ou le mal. » Sans vouloir dénier l'action de cette conception fataliste qui se reproduit dans toutes les phases infimes de la civilisation, je crois devoir maintenir mon explication. Ce qui faisait que la faute de l'adversaire n'entrait point en ligne de compte aux yeux du lésé, c'était moins la foi religieuse que l'intérêt nu. Le dommage souffert dicte la réclamation de la victime : l'égoïsme, dans la personne du juge, y fait droit.

La deuxième proposition que nous avons établie plus haut, la prépondérance de la peine dans l'ancien droit, vient encore donner plus de force à notre thèse. Le fatalisme pur peut se contenter de la réparation complète du dommage causé, mais la passion réclame davantage. Elle exige que la soif de vengeance soit satisfaite, elle demande que l'adversaire soit frappé, elle poursuit impérieusement l'application d'une peine privée ([28]). La peine plane sur le droit ancien tout entier; tout rapport juridique se complète par une peine, soit qu'elle s'y rattache directement, soit qu'elle en devienne une conséquence lorsque le rapport devient l'objet d'une action. Il ne faut pas demander où la peine existait, mais plutôt où elle faisait défaut. Toute injustice, qu'elle fût dirigée contre la chose ou contre la personne : membres brisés, figure endommagée, injures de toute espèce, pouvait et devait être rachetée avec de

([27]) LUDEN *Abhandlungen aus dem gemeinen deutschen Strafrecht*. T. 1, p. 74.

([28]) Je renvoie aux § 11 et 12 de mon *Esprit du droit romain*.

l'argent. Même le dévergondage et l'adultère de la femme trouvaient leur équivalent dans une retenue sur la dot. Celui qui ne savait pas payer, expiait au moyen de sa personne. Seul le *fur manifestus* formait originairement une exception. En effet, tandis que le *fur nec manifestus* pouvait se racheter avec le double, l'autre tombait comme esclave au volé, avec tous ses biens, jusqu'à ce que, plus tard, à lui aussi, le Préteur permît de se racheter en payant le quadruple. Nous nous demandons avec étonnement comment le simple hasard, que le voleur fût pris sur le fait ou qu'il fût découvert seulement après coup, pouvait, en présence d'une culpabilité exactement semblable, établir une aussi grande différence dans la responsabilité. J'ai déjà résolu cette question autre part ([29]). La réponse doit se chercher dans le caractère même de la passion. Le *fur manifestus* se heurte contre l'impétuosité sauvage du premier sentiment. Le *fur nec manifestus* se trouve dans des conditions plus favorables et il en profite. Le temps qui s'est écoulé depuis le moment du fait a exercé son influence apaisante, le propriétaire est tout à la joie d'avoir retrouvé une chose qu'il croyait à jamais perdue.

Mais la passion, elle aussi, a ses calculs. Un tarif des peines se comprend aisément, surtout lorsqu'il s'agit de propriété. Là en effet, la valeur des choses donnait une mesure fixe. Paiement du double : telle est la peine régulière qui frappe quiconque a tenté de me priver de ce qui m'appartient. Cette peine n'atteint donc pas seulement le voleur, dans le sens propre du mot ; ceux qui l'encourent, sont encore : le dépositaire ([30]) qui a nié le dépôt fait entre ses mains, le débiteur qui a nié le *nexus*, l'héritier qui a nié le legs *per damnationem*, le vendeur qui a nié les avantages promis dans la mancipation. Elle atteint au même titre l'auteur d'un dommage causé à ma chose et qui

([29]) V. ibid. T. I, p. 128.
([30]) Collat. X, 7, § 11.

nie le dommage, le tuteur qui a trompé le pupille (*actio rationibus distrahendis*), le vendeur qui m'a vendu la chose d'autrui dont j'ai été évincé, le possesseur de ma chose qui a perçu les fruits pendant le procès en revendication, ou qui, pour échapper au procès, a consacré la chose aux dieux ([31]), ou l'a incorporée dans sa maison. Dans tous ces cas, la peine du double se légitime au nom de la loi d'égalité. Si le défendeur réussissait dans sa tentative, il gagnerait ma chose; s'il succombe, il n'est que juste qu'il perde jusqu'à concurrence du bénéfice qu'il aurait pu faire, sortant victorieux du débat. Entre deux adversaires engagés dans une même partie, les enjeux doivent être égaux. C'est la même idée qui se représente dans le *sacramentum* de l'ancienne procédure, et dans la *sponsio poenalis* de la nouvelle. Bénéficier du bien d'autrui dans les cas favorables, n'être tenu qu'à une simple restitution dans les cas contraires, sans s'exposer jamais à aucune perte, ce serait vraiment avoir trop de chances en sa faveur.

La peine s'élève jusqu'au triple pour le voleur, lorsque la chose est trouvée chez lui, à la suite d'une visite domiciliaire, et jusqu'au quadruple lorsqu'il cherche à empêcher la perquisition. Ce calcul est encore très judicieux. Dans le premier cas, si le voleur n'était passible que de la peine du double, pourquoi, plutôt que de rendre volontairement la chose, n'aimerait-il pas mieux courir le risque de la visite domiciliaire? Il lui reste l'espoir que la chose échappera aux recherches de son adversaire. C'est précisément cet espoir qui doit rendre plus lourd son enjeu. Et enfin, si son refus de laisser passer outre à une perquisition ne lui coutait pas plus de dommage que la découverte même de la chose, pourquoi, dans la certitude d'être trouvé en possession de l'objet, ne chercherait-il pas à échapper à l'humiliation de ces recherches? son opposition ne l'exposerait à rien. C'est précisément cette raison qui, dans ce cas, lui fait infliger un quatrième *simplum* en plus.

([31]) L. 3 de litig. (44, 3).

Le tableau que je viens de tracer doit laisser de l'ancien droit de Rome une impression qui n'est guère favorable. Si cependant nous examinons ce droit sous son vrai jour, nous ne pouvons tarder à applaudir au phénomène qu'il nous découvre, à l'action de la passion dans le droit. Il est certes facile de la condamner lorsqu'on se trouve à la hauteur de notre développement juridique actuel. Le progrès moderne, en effet, exile la passion du domaine du droit; à la place de l'émotion du sujet, se dresse la force objective de la loi. Mais le rapport est tout autre dans les phases originaires du droit. Alors, la fixité de l'ordre juridique réclame essentiellement le concours énergique des individus. A son tour, cette énergie ne peut procéder que d'une réaction vivace du sentiment juridique subjectif s'insurgeant contre l'injustice soufferte. L'homme doit d'abord *sentir* les règles du droit, avant que sa raison ne s'en imprègne. Le volé qui tue le voleur pris en flagrant délit, rend service à la communauté, celle-ci ne pouvant encore le protéger efficacement elle-même, faute d'institutions de sûreté publique. Plus chacun tient haute et ferme l'arme que la loi lui a mise en mains pour défendre son droit particulier, plus forte sera la protection dont elle entoure la communauté. Gardien et vengeur de la loi dans sa sphère restreinte, aiguillonné par la peine privée qui lui offre en perspective la prime du service rendu, l'individu accomplit sa mission : il réalise d'autant plus parfaitement l'idée du droit qu'il est plus jaloux de son droit, à lui, qu'il est plus inexorable et plus implacable à repousser et à venger toutes lésions qu'on pourrait y apporter. Qu'importe que ce soit un intérêt personnel, mesquin, qui le pousse? Dans le ménage de l'histoire les motifs les plus intimes trouvent encore leur emploi pour amener le bien. Plus tard, ils seront remplacés par des mobiles plus nobles et plus élevés.

III

Transportons-nous maintenant dans la période de floraison du droit romain. L'on a toujours enseigné que la véritable grandeur et la vraie valeur du droit romain résidait dans la technique juridique ou méthode, dans cette adresse toute de forme que le droit mettait à travailler des notions juridiques, sans se préoccuper de leur contenu. Moi-même j'ai longtemps partagé cette erreur. Si je ne l'avais déjà répudiée [32], l'étude actuelle eût suffi à la dissiper, car le problème dont elle examine la solution fournie par les juristes romains, est de nature purement *morale*. Mais la solution elle-même constitue le mérite le plus impérissable de la jurisprudence romaine, et le plus digne d'éloges. La conclusion à laquelle ils ont abouti est celle-ci : c'est que l'idée de la *faute* domine le droit civil tout entier. La manière dont le droit criminel romain postérieur a fait valoir l'élément de la culpabilité vis-à-vis de l'élément extérieur du fait [33], assure à ce droit une place éminente dans l'histoire universelle du droit criminel. Depuis longtemps tous les criminalistes sont d'accord sur ce point. Mais le formalisme de la méthode juridique a complètement voilé le côté moral du droit aux yeux des auteurs de droit civil. Ceux-ci ont à peine jugé digne d'une remarque le déploiement non moins gigantesque de la notion de faute dans le domaine du droit civil. Ils ont, il est vrai, minutieusement enregistré toutes les règles du droit dans lesquelles cette notion se reflète (et c'est ce qui me permettra de négliger toute recherche de détail), mais ce qu'ils ont omis, — et qui a été fait depuis longtemps pour le droit criminel, — c'est d'établir et de démontrer que l'idée de la faute est le prin-

---

(32) V. l'*Esprit du droit romain*, t. I, p. 18 s.

(33) En particulier par rapport à la tentative ; les romains ne connaissent pas même d'expression pour la désigner. Les expressions de PAUL S. R. V. 23, § 9 : *consilium uniuscujusque non factum puniendum est*, et la L. 14 ad leg. Corn. de sic. (48, 8) : *in maleficiis voluntas spectatur non exitus* désignent l'esprit du droit nouveau. Ce n'est pas le lieu, ici, d'insister davantage et je renvoie de préférence, à LUDEN, *Abhandl.* I, p. 72 s. V. cependant aussi HEPP l. c. p. 109, et sur l'imputation : KÖSTLIN *System des deutschen Strafrechts*, I, p. 120.

cipe moral qui domine tout le droit civil. Si j'entreprends de combler cette lacune, nul ne s'attendra à voir épuiser dans les quelques pages d'un simple fragment d'histoire, un sujet dont l'exposition détaillée remplirait tout un volume. Il doit et il peut suffire de tracer fidèlement les contours et les traits principaux du tableau.

Nous examinerons l'idée de la faute à un double point de vue : quant à l'étendue de sa sphère d'action dans le droit privé et quant au développement interne des principes dont elle est la source.

La sphère d'action et la forme de réalisation de l'idée de faute dans le droit nouveau.

L'idée de la faute et la distinction dont elle est la base, entre l'injustice objective et l'injustice subjective se retrouvent partout. Il n'y a point de rapport juridique que cette idée ne puisse affecter, c'est-à-dire dans lequel la présence ou l'absence de faute n'entraîne après elle une différence de responsabilité. *La notion de faute est la mesure générale de la responsabilité dans le droit romain privé parvenu à son développement.*

Mais l'application de la notion de faute dans les divers rapports diffère sensiblement. Dans les délits, l'acte illicite forme le fondement originaire et unique de la réclamation. Dans tous les autres rapports, au contraire, la réclamation se base sur un fait indépendant de toute culpabilité : la propriété, le contrat, etc. Bien que dans ces rapports aussi, la faute puisse venir se joindre comme élément secondaire et augmenter la responsabilité, il est possible cependant que les réclamations auxquelles ils donnent naissance puissent se réaliser sans que cet élément intervienne. C'est une erreur de croire que la non exécution de l'obligation renferme nécessairement une injustice subjective. Il en est de même pour la *reivindicatio* (p. 7). Bref, dans les premiers de ces rapports, l'élément de faute est *essentiel*, dans les autres, il est *accidentel*. En nous servant de la terminologie romaine avec quelque liberté, nous désignerons les réclamations de la première espèce comme demandes *pénales primaires*, et celles de la seconde comme demandes *reipersécutoires primaires*.

L'application complète de la notion de faute comme mesure de la responsabilité dans tous les rapports de la seconde classe est le grand œuvre de la jurisprudence classique. Les notions juridiques dans lesquelles se traduit cette idée de la faute accessoire sont la *mala fides*, le *dolus*, la *culpa* et la *mora*. Il serait malaisé de préciser jusqu'à quel point les premiers germes de ces notions peuvent être attribués au droit ancien, mais il est au moins hors de doute qu'ils n'y apparaissent qu'à l'état de rudiments fort peu perceptibles. Il suffit de jeter un coup d'œil sur les sources, pour se convaincre que ces notions, même à l'époque de la jurisprudence classique, étaient encore en fusion; du moins existait-il, mêmes sur des questions capitales, des divergences d'opinions [34]. Le langage même l'indique : les deux expressions principales, *culpa* et *dolus*, dans le sens que leur donne la jurisprudence postérieure, sont relativement de date récente [35]. L'esprit de l'ancien droit tel que nous l'avons constaté ci-dessus ne tient aucun compte de la faute individuelle. C'est du reste le trait caractéristique de l'antiquité :

---

(34) P. ex. la controverse entre PROCULUS et CASSIUS dans la L. 40 pr. de her. pet. (5, 3) et entre LABEON et OCTAVENUS dans la L. 18 pr. ibid.

(35) La langue juridique ancienne traduit la distinction de l'injustice consciente et de l'injustice inconsciente par les mots *prudens* et *imprudens*; la langue nouvelle par les expressions *sciens dolo malo* et *culpa*. On sait que le sens technique de *dolus* est de date plus récente. L'ancien langage qui se conserva longtemps dans la langue des lois disait : *dolus malus* et *fraus*. Cela est tout aussi indubitable pour *culpa*. La *lex Aquilia* remplaçait encore ce terme par l'expression indéterminée : *injuria*, et d'après FESTUS sub *noxia*, qui n'a pris dans son recueil ni le mot *dolus* ni *culpa* : *ponebatur* NOXIA *apud poetas et oratores pro* CULPA. La langue est l'indicateur le plus sûr pour l'âge des notions.

dans ses appréciations elle n'individualisait guère encore, elle s'appliquait plutôt à maintenir le principe d'une égalité extérieure abstraite [36]. Elle répugnait fortement à l'application des notions nommées plus haut. Le droit postérieur en témoigne hautement dans une foule de rapports du *jus strictum* qu'il a conservés sans y apporter de modifications essentielles. Certainement, la notion de la *mora*, c'est-à-dire de la rétention injuste (jusqu'à un certain point furtive) de la chose, constatée par interpellation du créancier, trouvait son application depuis l'antiquité, au moins en tant qu'elle faisait passer le *casus* au débiteur. Mais il est vrai aussi, d'un autre côté, que l'effet principal de la *mora*, l'obligation de prester l'*interesse*, était inconnu dans les formes d'obligations les plus anciennes du droit romain, dans les créances tendant à un *certum* [37]. Elles n'impliquaient pas davantage une responsabilité du chef de la *culpa in non faciendo* [38], ni même à raison du *dolus*. Lorsque l'on n'avait pas ajouté à la stipulation une *clausula doli*, il fallait recourir à l'*actio doli* [39], action qui, on le sait, ne date que du temps de Cicéron.

Ces vestiges d'une période de civilisation du droit, qui s'enfonce dans les ténèbres du passé font ressortir avec éclat le

---

[36] V. *Esprit du droit romain*, t. II, p. 94.

[37] L. 38, § 7 de usuris (**22**, 1). Gaius II, 280. Les fruits devaient être prestés dans la *condictio furtiva* ; L. 8, § 2 de cond. furt. (**13**, 1). Mais cela ne contrarie pas notre thèse, car ils devaient l'être indépendamment de toute *mora* ; le voleur commettait, en ce qui les concerne, un nouveau *furtum*. V. *Esprit du D. R.*, IV, p. 28. 185 et L. 3 Cod. de cond. ex lege (**4**, 9), L. 15 de usur. (**22**, 1), L. 18 de exc. (**44**, 1), L. 4, § 1 de R. cred. (**12**, 1), L. 1 cod. Theod. de usur. rei jud. (**4**, 19).

[38] L. 91 pr. de V. O. (**45**, 1)... *cum dari promisit, an culpa, quod ad stipulationem attinet, in faciendo accipienda sit non in non faciendo? quod magis probandum est, quia qui dari promisit, ad dandum non faciendum tenetur.*

[39] L. 7, § 3 de dolo (**4**, 3)... *in ex emto quidem actione cessat de dolo actio, quoniam est ex emto, in ex stipulatu de dolo actio necessaria est.* L. 19 ibid.

caractère grandiose de la création que la jurisprudence romaine nouvelle a élevée sur leurs débris ou à côté d'eux. Quelles révolutions d'idées, quelles profondes transformations du droit, quelle puissance de travail intellectuel se mouvant dans un temps relativement court, n'a-t-il pas fallu pour bâtir un pareil monde. Je doute qu'en aucun temps l'histoire du droit puisse fournir un autre exemple d'une pareille œuvre. Quelle tache attrayante et féconde pour l'histoire de suivre jusque dans tous ses détails le progrès insensible de ces idées, leur naissance, leur croissance, leur influence sur la société! Malheureusement, et malgré tout son charme, à un pareil travail manquent les moyens d'action. Les traditions indispensables de la littérature juridique des derniers siècles de la république font complètement défaut, et c'est là précisément l'époque la plus intéressante pour l'étude des premiers rudiments de ces idées. Cependant les données qui nous restent peuvent suffire à déterminer avec une certitude approximative, pour plusieurs de ces rapports, le cours de leur développement. Tout d'abord, le résultat final de ce développement peut se résumer en peu de mots. Presque tous les rapports juridiques ont accueilli l'élément de faute. Il n'y a d'exception à faire que pour un petit nombre d'entre eux. Ceux-ci ont conservé leur structure antérieure; l'élément de faute en tant qu'il y est pris en considération, prend la forme d'une demande spéciale ([40]). Dans les autres, au contraire, l'action même qui nait du rapport, suffit à réprimer toute espèce d'injustice, soit qu'elle résulte d'une intention ou d'une négligence, et sans distinguer si indépendamment même de ce rapport, elle donne lieu ou non à une action. Les actions réipersécutoires exercent en même temps la fonction d'actions

([40]) Notamment la *condictio certi*. V. notes 38, 39, l'*actio confessoria*. V. plus loin, et même l'*actio aquae pluviae arcendae*. Comp. quant à cette dernière la L. 14, § 2, 3 de aq. pluv. (39, 3) et *Esprit du D. R.* IV, p. 25 et s.

pénales secondaires ([41]). Dans chaque rapport particulier résultant de la propriété ou d'un contrat, se reproduit tout entier le droit relatif aux délits. L'*actio in rem* ou *in personam* s'élargissent pour accueillir la *condictio furtiva*, l'*actio legis Aquiliae* ou l'*actio de dolo* selon l'occurrence. Il n'y a qu'une seule modification, commandée par l'esprit de l'époque nouvelle ([42]), c'est que la *poena* se trouve réduite à la simple réparation du dommage et que la responsabilité se transmet aux héritiers ([43]). A ces actions de délits, fondues comme nous venons de le voir, vient s'ajouter ensuite l'élément individuel de faute résultant de la violation des devoirs particuliers incombant au rapport méconnu. Nous n'avons pas besoin, ici, de nous préoccuper de l'influence que peut exercer sur la responsabilité du défendeur

---

([41]) Les sources renferment une foule d'exemples; il suffira de citer les suivants. V. pour le *furtum* dans les rapports contractuels : L. 29 pr. Depos. (**16**, 3). L. 45 pro socio (**17**, 2) : *idemque in omnibus bonae fidei judiciis dicendum est.* Pour le *damnum injuria datum* dans les rapports contractuels : L. 7, § 1 commod. (**13**, 6), L. 47, § 1, L. 48 pro socio (**17**, 2), dans la *reivindicatio* et l'*hereditatis petitio* : L. 13 de R. v. (**6**, 1), L. 36, § 2 de her. pet. (**5**, 3). Pour le *dolus* dans les rapports contractuels V. note 39, L. 11, § 15 de act. emti (**19**, 1) et une foule innombrable d'autres textes. Quant aux actions *in rem*, aux actions contre le possesseur comme tel et à toutes les demandes basées sur un enrichissement injuste, je renvoie au principe connu : *dolus pro possessione est.* V. p. ex. L. 131 de R. J. (**50**, 17), L. 27, § 3 de R. V. (**6**, 1), L. 12. L. 21, § 2. L. 24 de nox. act. (**9**, 4), L. 67 pr. in f. de J. D. (**23**, 3), L. 18, § 1, L. 64, § 7 sol. matr. (**24**, 3), L. 2 pr. quor. bon. (**43**, 2), L. 3 § 20 de bon. lib. (**38**, 2), L. 5 Rer. amot. (**25**, 2), L. 2, § 39 ne quid in loco (**43**, 8), L. 15, § 10 quod vi (**43**, 24), L. 2 pr. de precar. (**43**, 26), L. 1, § 23 de coll. (**37**, 6), L. 1, § 13 ne quid in flum. (**43**, 13) où LABÉON applique déjà le principe, de même que dans la L. 18 pr. de her. pet. (**5**, 3).

([42]) V. plus loin n° VII.

([43]) L. 7, § 1 Dep. (**16**, 3)... *Quamquam enim alias ex dolo defuncti non solemus teneri nisi pro ea parte, quae ad nos pervenit, tamen hic* DOLUS EX CONTRACTU REIQUE PERSECUTIONE DESCENDIT *ideoque in solidum heres tenetur.*

la nature et le degré de cette culpabilité. Nous nous contentons d'étudier l'étendue de la notion de faute, et de constater son universalité. Cette notion se compose des quatre éléments que nous avons indiqués et qui, sauf quelques rares exceptions, se retrouvent dans toutes les actions. La *mala fides* appartient exclusivement aux actions réelles; la *mora* ne peut se présenter que dans les actions personnelles, mais le *dolus* et la *culpa* sont communs à toutes les actions en général.

Il serait oiseux de vouloir citer des témoignages à l'appui de ce fait qui est généralement connu : tout le *corpus juris* y passerait. Il y aura plus d'utilité à montrer par un exemple concret quelle différence a fait naître la notion de faute dans la structure des actions du droit nouveau comparées à celles du droit ancien. Prenons de préférence la *reivindicatio* et l'*act. confessoria* et *negatoria*. La première de ces actions, dont le développement intime a, du reste, été poussé plus loin que pour aucune autre [44], s'est assimilé l'élément de faute de la manière la plus étendue. Elle demande compte au possesseur de tous faits, de toutes omissions qui sont à sa charge, et ce depuis le premier jusqu'au dernier moment de sa possession [45]. Les deux autres actions, au contraire, sont restées fidèles à leur caractère originaire. Elles visent exclusivement l'injustice objective, tendant uniquement à faire disparaître une situation contraire au droit du demandeur sans accorder à ce dernier la réparation du dommage qu'il a souffert [46]. Pour elles donc, la distinction

---

(44) *Esprit du D. R.* IV, p. 181-190.

(45) P. ex. du chef de dégradation de la chose (*act. legis Aquiliae*), L. 13 de R. v. (6. 1); consommation : L. 1, § 32 dep. (16, 3) aliénation : L. 27, § 3 de R. V.; prestation des fruits : L. 27, § 2 ibid... *ex quo coepit possidere*, ce qui pour le *m. f. poss.* tombe sous le point de vue du vol, V. *Esprit du D. R.* IV, p. 185, note 267.

(46) L'opinion contraire est généralement reçue (V. p. ex. PUCHTA Pandekten § 172, 191. ARNDTS Pandekten § 169, 191. WINDSCHEID Pandekten § 198, 217) et je l'ai déjà combattue, V. *Esprit du D. R.* IV, p. 27. Les textes que l'on invoque ne parlent nullement de dommages intérêts, ou

entre la faute et l'innocence du défendeur, qui dans la *reivindicatio* influe si grandement sur le résultat final, cette distinction, disons-nous, n'existe point. Coupable et non coupable encourent la même responsabilité. Il fallait recourir à des moyens spéciaux, notamment à l'*interdictum quod vi aut clam* ou à la *cautio damni infecti* [47], pour amener le coupable à devoir répondre de sa faute et l'obliger à payer des dommages intérêts. Le premier de ces moyens se place ostensiblement au point de vue de la faute. Il a pour condition une injustice subjective (*opus vi aut clam factum* [48]; il poursuit contre l'auteur la réparation complète du dommage [49], et ne demande à son successeur que de souffrir que l'ouvrage injustement fait soit enlevé [50]. L'élément de faute est moins apparent dans la *cautio damni infecti* [51]. Fidèle au principe que sans responsabilité personnelle il ne peut exister aucune obligation de réparer le dommage (V. plus bas), le droit romain déclare le possesseur du fonds non responsable du dommage causé par suite de l'ef-

---

bien lorsqu'ils le font, ils ne nomment pas l'action, comme par ex. la L. 5 Cod. de serv. (3, 34) qui doit être rapportée à l'*interd. quod vi aut clam* (« *injuriose* EXSTRUXIT; » comp. L. 1, § 2 quod vi (43, 24) : *injuriam comminisci*), ou bien encore ils parlent du dommage causé par l'entrave apportée à l'exercice du droit pendant le procès. V. p. ex. L. 4, § 2 si serv. (8, 5) FRUCTUUM *nomine... si quid intersit servitute non prohiberi*, et non *prohibitum esse*. Que l'on compare au contraire le cas de la L. 17, § 2 ibid. où le juriste donne l'*actio negatoria* uniquement pour faire enlever un dépôt de fumier fait sans droit, mais renvoie le demandeur à la *cautio damni infecti* pour la réparation du dommage : *Si damni infecti stipulatus esset, posset per eam stipulationem, si quid ex ea re sibi damni datum esset, servare* — preuve évidente que l'action négatoire ne pouvait avoir cet objet.

(47) Le cas échéant à l'*actio doli*. V. p. ex. L. 9 pr. si serv. (8, 5) ou à d'autres actions.

(48) L. 1, § 2 Quod vi (43, 24) INJURIAM *comminisci*. L. 3 pr. ibid. *facto suo* DELINQUENTIS.

(49) L. 11 pr. § 4, L. 15, § 7, 8, 9, L. 16, § 1, L. 21, § 3 ibid.

(50) L. 7 pr. § 1, L. 15, § 6, L. 13, § 7, L. 14, L. 15, § 3, L. 16, § 2 ibid.

(51) V. *Jahrbücher für die Dogmatik* IV. p. 98.

fondrement ou de la chute de son bâtiment ou de parties de celui-ci. En effet, pour faire admettre une responsabilité à sa charge, l'adversaire devrait pouvoir adresser au possesseur le reproche de n'avoir pas prévu l'accident : or ce reproche pourrait être victorieusement retorqué ([52]), car c'est celui qui est menacé d'un danger qui est tout le premier intéressé à le prévenir ou à l'écarter. La *cautio damni infecti* a précisément pour but de déterminer d'avance le moment de la culpabilité. De même que l'*interpellatio* dans la *mora*, elle rappelle ses devoirs à l'homme négligent, le somme de prendre les mesures nécessaires, ou s'il ne le veut, de garantir l'adversaire contre l'éventualité de tout dommage. Comme l'*interpellatio* encore, elle impose à l'homme négligent la responsabilité du *casus;* mais dans ce cas, comme il n'existe pas encore de rapport obligatoire, cette responsabilité est organisée au moyen et sous la forme d'une promesse spéciale.

Il résulte de ce qui précède que l'élément de faute et la demande de dommages intérêts qui y est connexe prennent dans les actions confessoire et négatoire (de même que dans la *stipulatio dandi* p. 24) la forme d'une action de délit particulière ayant une existence indépendante à côté de l'action reipersécutoire, tandis qu'elles ne font qu'un avec la revendication et les autres *actiones in rem*.

La transition de l'injustice objective à l'injustice subjective que nous venons d'examiner dans la *reivindicatio* peut bien s'être reproduite encore dans maintes autres actions. Je suis cependant plus porté à croire que la plupart des rapports ont suivi une marche opposée et qu'après avoir été traités à l'origine comme délits ([53]), ils n'ont que peu à peu pris le caractère de

([52]) L. 18, § 8 Dam. inf. (39, 2) *Venditorem stipulari... oportet, quia hujus quoque rei* CULPAM PRAESTAT.

([53]) On sait que les Romains ne restreignent pas la notion du délit aux quatre *delicta privata*, V. p. ex. L. 9, § 2 de minor (4, 4) DELINQUENTIBUS..

demandes réipersécutoires. C'étaient des délits, non dans le sens général du mot, comme le vol par exemple; mais des délits localisés, si l'expression m'est permise, c'est-à-dire attachés à un état de choses tout à fait déterminé ([54]). Le droit romain nous présente de nombreux exemples de ces délits spéciaux; par exemple les actions contre le *mensor*, contre les *nautae et caupones in duplum* ([55]), celles contre la veuve qui a surpris la *Bonorum possessio ventris nomine* ([56]) contre l'*immissus in possessionem*, du chef d'administration doleuse ([57]) etc. Ces actions de délit spéciales contenaient en germe, mais incomplètement encore, maintes actions de contrat qui ne se développèrent que plus tard. Pour nous, à la vérité, les notions de contrat et de délit semblent s'exclure l'une l'autre : parler d'une action de délit à propos d'un rapport contractuel nous paraît une contradiction. Mais nous jugeons avec nos idées modernes. Telle n'était point la conception romaine ancienne, et ce qui nous trompe c'est que la plupart de ces actions de délit spéciales se sont complètement fondues plus tard dans l'action du contrat. Dans un seul rapport, l'action contre le *mensor*, l'état originaire des choses s'est maintenu jusque dans le droit postérieur, sans modification aucune. C'est bien une action de délit ([58]), et

---

vel alias in contractu; L. 49 de obl. et act. (**44, 7**). *Ex contractibus... licet* DELICTUM *quoique versatur*. L. 3 pr. Quod vi (**43, 21**) DELINQUENTIS. L. 2 de itin. (**43, 19**)... SUPERVENIENTE DELICTO.

([54]) L. 7, § 1 Dep. (**16, 3**)... *dolus ex contractu descendit.*

([55]) L. 7, § 1. Nautae... (**4, 9**).

([56]) L. 1, § 1-3. Si mulier (**25, 6**);

([57]) L. 9 pr. § 8 de reb. auct. (**42, 5**) *si possessionis causa deterior facta esse dicitur dolo ejus, qui in possessionem missus sit, actio in eum ex dolo datur... cum ex delicto oriatur poenaeque nomine concipiatur.*

([58]) C'est pourquoi elle ne se donne point contre les héritiers L. 3, § 5 si Mensor (**11, 6**).

elle prend naissance dans un rapport conventionnel ([59]) qui n'a jamais été muni d'une action directe ([60]).

Ce rapport dont le développement est resté incomplet jusque dans les derniers temps, constitue une exception. Quantité d'autres rapports juridiques se trouvaient à l'origine dans le même cas ([61]). La règle était de les apprécier au point de vue du délit, et ce n'est que dans le droit nouveau qu'ils se sont élevés au rang de rapports obligatoires purs. Au nombre de ces rapports figurent la tutelle, le mandat, la société, la *fiducia* et le dépôt. Une circonstance surtout indique le caractère particulier de ces divers rapports et les sépare de tous les autres rapports contractuels : c'est que la condamnation à laquelle ils peuvent donner lieu entraîne l'infamie, tout comme dans les délits infamants. En énumérant les causes d'infamie, l'édit du préteur les mentionne immédiatement après ces derniers. La *tabula Heracleensis*, va même plus loin, elle les classe entre le *furtum* d'un côté, et le *dolus* et l'*injuria* de l'autre ([62]).

([59]) L. 4 ibid... *initium rei non a circumscriptione, sed a* SUSCEPTO NEGOTIO *originem capit*. Le juriste y attache la conséquence que l'action est *perpetua*.

([60]) L. 1 pr. ibid. *quia non crediderunt veteres inter talem personam locationem et conductionem esse, sed magis operam beneficii loco praeberi*. § 1 ibid... *civiliter obligatus non est*.

([61]) C'est ainsi la que L. 23, § 4 de aed. ed. (21, 1) dit des actions édilitiennes : *Quamvis enim* POENALES *videantur actiones, tamen.. ex contractu veniunt*.

([62]) L. 1 pr. de his qui not (3, 2)... *pro socio, tutelae, mandati, depositi*. L'*actio fiduciae* qui n'est plus connue en droit Justinien est laissée de côté. TAB. HERACL. c. 25 *qui furti... condemnatus pactusve est erit, quive judicio fiduciae, pro socio, tutelae, mandati, injuriarum deve dolo malo condemnatus est erit*. Ici manque maintenant le *depositum*. N'était-il pas encore pourvu d'une action à l'époque de cette loi (a. 709) ? C'est ce que tendraient à prouver CIC. de off. III. 25.. *non semper deposita reddenda*, et l'omission du dépôt dans de nat. deor. III. 30. 74. pro Rosc. com. c. 6, 16 et pro Caec. c. 3, 7.

Cela dénote bien clairement la parenté qui existe entre les deux catégories. Le délit dont il s'agit dans ces rapports est désigné sous le nom de *crimen perfidiae* (63). Il consiste dans le fait d'avoir grossièrement déçu une confiance toute particulière (64). La peine consiste dans l'infamie, dans l'obligation de réparer complètement le dommage, et dans le droit, pour le demandeur, de faire le *juramentum in litem*. La différence entre la conception romaine ancienne de ces rapports et notre conception actuelle est évidente. Nul ne songe aujourd'hui à voir dans les actions qui en découlent autre chose que des actions de contrat ordinaires, c'est-à-dire des demandes pour le fondement desquelles le simple fait du contrat suffit, comme pour la vente ou le prêt, sans qu'un élément délictueux, une violation de la loi doive s'y joindre. La conception romaine ancienne, au contraire, trouvait si naturel de considérer les choses sous ce dernier aspect, que l'édit du préteur jugeait même tout à fait superflu de mentionner d'une manière spéciale l'élément du *dolus* parmi les motifs qui, dans ces actions, donnaient lieu à l'infamie (65), tellement les idées étaient arrêtées à cet égard.

Le fait apparaît clairement dans le dépôt. Le dépositaire, dit GAIUS (66), *tantum in eo obnoxius est, si quid ipse dolo malo fecerit*. Il y a donc là, comme dans le cas du *mensor*, une action

(63) L. 1, § 4, Depos. (16, 3) CRIMEN PERFIDIAE. L. 5 pr. ibid. DE FIDE RUPTA *agitur*. L. 55, § 1, de adm. (26, 7) PERFIDE *agere*. CIC. de nat. deor. III, 30, 74 : *judicia de fide mala*, L. 6, § 7, de his qui not. (3, 2) *de* PERFIDIA *agitur*. L. 6, § 6 ibid. *in deposito vel in mandato male versatus*.

(64) CIC. pro Rosc. Com. c. 6, § 16. *Si qua enim sunt privata judicia summae existimationis et paene dicam* CAPITIS *sunt, tria haec sunt : fiduciae, tutelae, societatis. Aeque enim* PERFIDIOSUM ET NEFARIUM *est fidem frangere, quae continet vitam,...* CIC. pro Caec. c. 3, § 7 : *delictum... judicium turpe*.

(65) Les héritiers étaient exclus par l'addition des mots : Suo *nomine damnatus*.

(66) GAIUS III, 207.

de dol spéciale. Et le dépositaire qui se fait promettre par le déposant *ne depositi agat*, *vi ipsa id pactus videtur ne de dolo agat* ([67]). C'est pour cette raison que la question de savoir si l'acceptation d'un dépôt oblige un impubère, dépend tout d'abord de sa capacité de répondre du *dolus*. Quant au point de savoir s'il est possible d'intenter contre lui l'action jusqu'à concurrence de l'enrichissement, point complètement indépendant, il ne sera examiné qu'en seconde ligne ([68]). Lorsque le dépositaire a restitué la chose détériorée, le juriste admet bien la possibilité d'une action en réparation du dommage causé, mais il ne trouve à la justifier qu'en disant : *cum res deterior redditur, potest dici* DOLO MALO *redditam non esse* ([69]). Plus encore : avant le dol commis, on va même jusqu'à dénier la possibilité de l'*actio depositi* ([70]). Nous ne déciderons pas si la concession de l'action au fils de famille doit être mise en rapport avec cette manière de voir ([71]).

Juridiquement, ce rapport doit s'exprimer dans les termes suivants : Le dépôt comme tel n'engendre point d'obligation, il rend seulement possible la naissance d'une obligation comme suite d'un délit. C'est là, en effet, l'idée qui se retrouve dans nos sources. Le dépositaire, dit POMPONIUS, dans la L. 81, § 1 de solut. (46, 3), qui, après la mort du déposant, livre la chose à l'un de ses héritiers, est libéré vis-à-vis des autres, ou plutôt, décide-t-il, en se corrigeant : *verius est*, NON INCIDIT IN OBLI-

([67]) L. 27, § 3, de pact. (2, 14).

([68]) L. 1, § 15, Depos. (16, 3).

([69]) L. 1, § 16, ibid.

([70]) P. ex. L. 13, pr. ibid *Si.. eum, qui rem depositam petebat, verum procuratorem non putaret... nihil dolo malo fecit. Postea autem si cognoverit*, CUM EO AGI POTERIT, *quoniam nunc incipit dolo malo facere, si reddere eam non vult.*

([71]) L. 19 ibid. L. 9 de obl. et act. (44, 7). Dans ce dernier texte elle est mise sur la même ligne avec deux actions de délit, l'*act. injuriarum et* l'interdit *quod vi aut clam*, et aussi avec l'*act. commodati.*

GATIONEM [72], l'obligation ne prend point naissance. La conséquence de cette manière de voir était que le délit une fois commis, continuait à produire ses effets alors même qu'on avait ensuite mis fin au fait matériel qui le constituait [73].

L'*actio depositi* était donc à l'origine, tout ce qui précède le prouve à l'évidence, une action de dol spéciale, comme l'est encore dans le droit nouveau l'action contre le *mensor* (v. p. 32), et comme telle, pas plus que cette dernière (note 58) elle ne pouvait se transmettre passivement contre les héritiers. Un texte fort controversé de THÉOPHILE (IV, 12, 2) vient confirmer cette opinion. Ce témoignage a une valeur historique d'autant plus grande, qu'il repose, pour le droit nouveau, sur une erreur évidente: en effet, dans la L. 1, § 1, Depositi (16, 3), les Pandectes reproduisent expressément la disposition de l'édit du Préteur, déclarant en termes impératifs que l'action est transmissible. Les explications que nous venons de fournir, et la circonstance (v. plus loin) que la même chose se reproduit pour l'*act. mandati* et *fiduciae*, et même jusqu'à un certain point pour l'*act. tutelae*, permettent d'affirmer, sans pouvoir être taxé de hardiesse, que l'erreur n'est point le fait de THÉOPHILE, mais doit être imputée à quelque juriste plus ancien. Celui-ci, ignorant encore l'innovation introduite par l'édit du Préteur, aura parlé de la non-transmission de l'*act. depositi* du chef du dol du défunt, comme étant encore le droit en vigueur.

---

(72) La même conception se reflète dans les expressions de CIC. pro Caec. c. 3, 7: *qui per tutelam aut societatem aut rem mandatam aut fiduciae rationem fraudaverit quempiam*. Ces rapports forment seulement l'occasion d'un délit, ils ne donnent pas naissance à une obligation, c'est le délit qui engendre celle-ci.

(73) L, 1, § 25 ibid. *Si rem depositam vendidisti eamque postea redemisti in causam depositi etiamsi sine dolo malo postea perierit, teneri te depositi quia semel dolo fecisti, cum venderes.* Comp. pour le contraste la L. 27, § 2, de R. V. (6, 1).

Un juriste romain (74) nous apprend que d'après la loi des XII tables on pouvait, du chef d'un dépôt, réclamer le *duplum*. L'*actio depositi* existait-elle déjà à cette époque? Il est permis d'en douter. Il est fort possible, en effet, que ce juriste ait eu en vue la peine du double comminée par cette loi pour le *furtum nec manifestum*, et il est hors de doute que cette peine est applicable au divertissement du dépot (75), de même que la *condictio furtiva* (76). Si la loi avait déjà donné une *actio depositi* tendant au double, on aurait peine à comprendre ce qui aurait pu déterminer le Préteur à introduire une *actio depositi* tendant au *simplum*, c'est-à-dire à offrir au déposant moins que ce qu'il avait d'après le droit existant. Si l'on admet, au contraire, que dans l'ancien droit le dépositaire ne pouvait être attaqué que du chef d'un *furtum*, l'introduction de l'*actio depositi* s'explique parfaitement. Elle étendait la responsabilité du dépositaire au delà du simple divertissement jusqu'au *dolus* pris dans le sens absolu : le dépositaire, par exemple, répondait désormais de la détérioration doleuse de la chose (77).

L'édit du Préteur accordait pour le dépôt deux formules d'actions : une *formula in jus* et une *formula in factum concepta* (78). Pourquoi cette double formule? N'avait-on en vue que la situation du fils de famille (79)? Nous laissons à d'autres le soin de discuter cette question. Pour nous, il suffit que ces deux formules contiennent l'expression fidèle de la distinction qui nous occupe : d'une part, l'action de délit née du contrat, c'est-à-dire la mention expresse du contrat *et* du *dolus : depo-*

(74) PAUL, dans la collat. X, 7, § 11 (Sent. rec. II, 12, § 11).

(75) L. 29, Depos. (16, 3).

(76) L. 13, § 1 ibid.

(77) Il y a analogie dans le mandat. La *lex Aquilia* y complétait également le *furtum* par le *dolus* (v. plus loin).

(78) GAIUS IV, 47.

(79) L. 13, de obl. et act. (44, 7). IN FACTUM ACTIONES *etiam* FILII FAMILIAS POSSUNT *exercere*; comp. L. 9 ibid.

suisse camque DOLO MALO *redditam non esse*, et d'autre part, l'action purement réipersécutoire née du contrat : *quod... deposuit... quidquid ob eam rem dare facere oportet.*

Les mêmes explications s'appliquent à l'*actio pro socio.* Nos sources ne nous permettent point de rien affirmer à cet égard, mais le discours de CICÉRON, *pro Roscio Comoedo*, nous a conservé un témoignage qui nous montre de la manière la plus claire comment on concevait l'action à cette époque. L'*actio pro socio* contient le reproche *furti ac fraudis* (c. 9, § 26), elle renferme un *crimen*, une *magnitudo criminis*, un *judicium grave* (§ 25) ; si l'action dirigée contre Roscius avait été fondée, il y aurait eu un *furtum apertum* (§ 26). Une autre expression bien significative, dont se sert le même orateur, dans son discours *pro Cæcina (fraudare* PER SOCIETATEM) a déjà été mentionnée à la note 72. Avant l'introduction de l'*actio pro socio*, on se servait probablement, comme pour le dépôt, de la *condictio furtiva* ou de l'*actio furti* ([80]).

L'histoire du développement du mandat est particulièrement intéressante. Depuis la découverte du véritable GAIUS, nous savons que le deuxième chapitre de la loi Aquilia donnait contre l'*adstipulator* doleux : *qui pecuniam in fraudem stipulatoris acceptam fecerit*, une *actio damni nomine* ([81]). GAIUS, qui jugeait les choses au point de vue de son époque, constate avec un étonnement parfaitement justifié, l'existence de cette action à côté de l'*actio mandati (sed id caveri non fuit necessarium, cum actio mandati ad eam rem sufficeret).* Il ne l'explique que par cette seule raison qu'elle tendait au double contre celui qui déniait — motif évidemment insuffisant. La vraie raison d'être de cette action était celle-ci : au temps où la *lex Aquilia* fut

([80]) On sait combien l'application de l'*actio furti* s'étendait loin, même dans les rapports contractuels, sous l'ancien droit. V. p. ex. GELLIUS XI, 18, § 13 : *Condemnatum quoque colonum fundo, quem conduxerat, vendito.*

([81]) GAIUS III, 215, 216.

faite, l'*actio mandati* n'existait pas encore, et le mandataire ne s'étant pas approprié à lui-même l'argent, mais ayant fait grâce du paiement au débiteur, l'*actio furti*, dans ce cas, n'atteignait pas plus le but qu'on recherchait, qu'elle ne l'atteignait dans le cas du dol du dépositaire (p. 35). Voilà pourquoi, l'*actio mandati* étant inconnue au droit ancien, il fallait, même pour la caution, une action récursoire spéciale contre le débiteur, l'*actio depensi*. L'*actio furti oblati* qui remonte au droit le plus ancien, nous fournit un autre exemple d'un cas où le droit postérieur aurait appliqué l'*actio mandati contraria*, mais où le droit ancien donnait une action spéciale, précisément parce que le mandat n'était pas encore pourvu d'une action. Au moyen de cette action, celui qui, à la suite d'une visite domiciliaire, avait été trouvé en possession d'une chose volée qu'il gardait pour compte d'un tiers, était mis à même de réclamer de ce dernier la peine du triple qu'il avait dû payer de ce chef ([82]). Dans le mandat, comme dans la tutelle, ces actions de délit spéciales ont précédé l'action générale naissant du rapport *(actio mandati, tutelae)*. Cette particularité se reproduit pour les délits mêmes, dans les actions spéciales et générales qui les concernent ([83]). Mais même à l'époque où déjà une action pro-

([82]) GAIUS III, 187.

([83]) L'action générale *legis Aquiliae* fut précédée par une foule d'actions en dommages intérêts détaillées dont nous n'avons plus connaissance, L. 1, pr. ad leg. Aq. (9, 2), *Lex Aquilia omnibus legibus, quae ante se de damno injuria locutae sunt, derogavit, sive XII tabulis sive alia quae fuit, quas nunc referre non est necesse.* Il faut en dire autant de l'*act. doli*, sauf que la plupart des actions de dol spéciales se sont conservées dans le droit nouveau à côté de l'*actio doli* générale. Je nommerai, par exemple : 1. l'action contre le *falsus tutor*, L. 7 pr. Quod falso (27, 6). 2. L'action du chef d'aliénation doleuse. L. 1 pr. de al. jud. (4, 7). 3. L'action du chef de la simulation de grossesse, L. 1, § 1 à 3, Si mulier (25, 6). 4. L'action contre le *missus in possessionem*, L. 9 pr. de reb. auct. (42, 5). 5. L'action du chef de l'*in jus vocatio* empêchée, L. 5, § 1, ne quis eum (2, 7). 6.

tégea le mandat comme tel, l'idée originaire de l'action de délit continua encore à produire ses effets pendant un certain temps. Tel était encore le cas à la fin de l'avant dernier siècle de la république. En effet, l'*Auctor ad Herennium* nous apprend (84) qu'à cette époque, de deux Préteurs (Sextus Julius César, préteur en 631, et M. Livius Drusus l'ancien, tribun en 632), l'un refusait, l'autre accordait l'*actio mandati* contre les héritiers; c'est-à-dire que l'un y voyait encore une action de délit, tandis que l'autre la considérait déjà comme une action contractuelle. Il est inutile de faire observer que l'*actio legis Aquiliae*, donnée contre le mandataire, et dont nous avons parlé ci-dessus, étant une action de délit, ne passait point contre les héritiers.

La transmissibilité des actions est un indice certain de leur nature réipersécutoire. Nous allons examiner à ce point de vue les deux rapports qui nous restent à étudier : la tutelle et la *fiducia*. Tous les deux ont quelque chose de particulier. Remarquons tout d'abord, que même en droit nouveau, la tutelle a ceci de spécial, que l'action ne passe point d'une manière absolue contre les héritiers du tuteur. Ceux-ci n'ont à répondre que du *dolus* et de la *culpa* de leur auteur et non de sa *negligentia* ou de sa *culpa levis* (85). La *fiducia* nous présente également une dérogation aux principes ordinaires sur la transmission des actions contractuelles, non quant à la transmission passive, mais quant à la transmission active (86). Ces deux rap-

Le *judicium legis Plaetoriae*, pour le dommage causé à un mineur. V. *Esprit du Droit romain*, IV, p. 117, 7. L'action dont il est question aux Pandectes, liv. 2, tit. 10 : *Per quem factum erit quominus quis in judicio sistat*, action qui était expressément rattachée au *dolus* (arg. L. 1 pr., § 4 h. t.).

(84) AUCT. AD HERENN. II, 13, 19.

(85) L. 4 de mag. conv. (27, 8)... *nec heres tutoris* NEGLIGENTIAE NOMINE *tenetur*. L. 1 Cod. de hered. tut. (5, 54).. *ob* NEGLIGENTIAM, *quae non latae culpae comparari possit*.

(86) C'est ce qu'atteste PAUL dans un fragment de ses *Sententiae receptae*, contenu dans la *Consultatio* VI, 8 : *heredibus debitoris adversus creditorem*,

ports s'écartent donc des règles qui régissent les rapports contractuels ordinaires. Ce n'est qu'en les examinant au point de vue du délit, qu'on trouve l'explication de cette anomalie. Pour la tutelle, la preuve se trouve dans l'*actio rationibus distrahendis* de la loi des XII tables, tendant au double ([67]). Cette action est évidemment plus ancienne que le *judicium tutelae*: cela n'est pas plus douteux pour moi que l'*actio legis Aquiliae* contre le mandataire ne soit plus ancienne que l'*actio mandati*. Ce qui ne peut faire doute non plus, et la preuve en a déjà été fournie pour l'*actio mandati* et *depositi*, c'est que l'*actio tutelae* ne pouvait, à l'origine, être dirigée contre les héritiers du tuteur, ce qui revient à dire qu'elle n'était pas encore considérée comme action réipersécutoire, mais seulement comme action de délit. Nous sommes pleinement autorisés à conclure de même pour l'*actio pro socio* et *fiduciae*, bref, pour les cinq *actiones famosae* que nous venons de passer en revue. Ce n'est qu'en admettant notre démonstration que l'on parvient à s'expliquer que la *tabula Heracleensis (Lex Julia municipalis* de l'an 709) ait pû mettre ces actions sur la même ligne que l'*actio doli* et *injuriarum* (note 62), n'en exceptant que l'*actio depositi* qui, semble-t-il, ne lui était pas encore connue. Entre ce groupement et le nouveau groupement des mêmes actions dans l'édit du Préteur se place l'évolution de ces actions, d'actions de délit en actions contractuelles.

Nous pouvons résumer en une formule toutes les conclusions qui découlent des explications précédentes. Dans tous les rapports qui ont fait l'objet de notre étude, l'idée de la force obligatoire du rapport lui-même n'a pu se faire jour qu'après avoir dépouillé la forme du délit. Ce n'est point là un fait isolé de l'histoire du droit des obligations à Rome. L'évolution

---

qui pignora vel fiducias distraxit, nulla actio datur nisi a testatore inchoata ad eos transmissa sit

([67]) L. 55, § 1 de adm. test. (26, 7), L. 1, § 19; L. 2. de tut. rat. (27, 3).

qu'y accomplit la notion du droit, revêtue d'abord de la forme subjective et la dépouillant ensuite pour se montrer sous la forme objective, est un phénomène qui se reproduit souvent dans toutes les législations et dans tous les domaines du droit. L'histoire même de la science le confirme. Lorsque l'injustice naît d'un délit, lorsque la forme seule dans laquelle elle est commise, le regard méchant de son auteur ou la violence de son bras la désignent comme telle, il est facile de la reconnaître; le simple sens moral de l'homme suffit pour la faire juger. Mais il est bien moins aisé de reconnaitre l'injustice objective. Celle-ci ne déshonore personne, aucune faute ne l'accompagne: plus encore, elle se concilie même avec la conscience assurée d'exercer un droit propre. Pour la bien discerner, il faut la perception la plus claire du contenu et de l'étendue du droit lésé. Expliquons-nous par des exemples.

On sait que le droit romain accorde à certains proches parents du testateur, que celui-ci a exhérédés complètement, le droit d'attaquer le testament au moyen de la *Querela inofficiosi testamenti*. Ce droit, cependant, n'équivaut nullement aux actions ordinaires par lesquelles on attaque les testaments et dans lesquelles il s'agit uniquement du droit et de l'intérêt du demandeur. Pour que la réclamation puisse aboutir, il faut qu'il y ait *faute* dans le chef du testateur. Le sens de l'action, on le sait, est celui-ci: le testateur a manqué à ses devoirs en me déshéritant, car je ne le méritais pas. Mais que dire lorsque ce reproche ne l'atteint point, lorsqu'abusé par une apparence trompeuse il n'a fait que croire ce que tout autre à sa place eût dû croire aussi? Où reste alors la faute? Le point de vue de la faute, on le sent, devient trop étroit, il ne rend pas son droit à l'enfant déshérité; s'en tenir à cet élément, ce serait livrer le droit le plus sacré aux caprices du hasard. De même que la poursuite de la propriété est indépendante de toute faute dans la personne de l'adversaire, de même la revendication du droit héréditaire ne doit point dépendre de la faute du testateur. De fait, la transformation du droit des héritiers nécessaires opérée par Justinien réalise ce progrès et peut-être même les juristes romains n'auraient-ils pas répugné à accorder eux-mêmes la *querela* dans le cas ci-dessus. Mais la *querela* elle-même ne répondait point à cette exigence. En effet, elle était fondée sur l'injustice subjective, d'un côté l'oubli d'un devoir, de l'autre une lésion qui en résultait. Comme tous les rapports contractuels dont nous avons parlé, le droit des héritiers nécessaires a donc dû se dégager du point de vue de l'injustice subjective sous lequel il était envisagé primitivement, pour parvenir à être jugé à celui de l'injustice objective.

A cette contestation du testament d'après le droit romain, correspond, dans le droit allemand, le recours contre les jugements. L'ancienne procédure germanique ne l'admettait qu'au cas d'injustice subjective : le jugement était *querellé;* il y avait injustice infligée au querellant par le juge et la querelle constituait une attaque personnelle contre l'auteur du jugement, attaque qui pouvait conduire jusqu'au duel judiciaire ([88]).

Si l'opinion de SAVIGNY, qui voit le fondement des interdits possessoires dans un délit, était exacte, la possession nous fournirait une preuve nouvelle. Elle prouverait notamment que le droit romain, au lieu de considérer l'idée de la possession dans la généralité objective qui lui appartient comme à la propriété, l'a seulement conçue dans la forme restreinte de l'injustice subjective. En réalité, cette opinion ([89]) ne constitue, à mon avis, qu'une preuve de plus de l'énergie avec laquelle l'idée que nous venons de développer pénètre la science. Un observateur attentif pourrait découvrir d'autres exemples encore de ce fait ([90]).

([88]) VON BAR *Das Beweisurtheil des germanischen Processes*. 1866, p. 13.

([89]) L'opinion de SAVIGNY a été réfutée dans mon écrit : Sur le fondement de la protection possessoire, trad. fr. Paris, 1875.

([90]) Je pourrais me citer moi-même. La théorie que j'ai établie de la *culpa in contrahendo*, en prenant pour base l'idée restreinte de l'injustice subjective n'épuise pas la matière, et ma formule sera certainement rem-

Ce développement que nous avons constaté dans les exemples que nous venons de citer, s'est-il reproduit en suivant la même marche dans d'autres notions, dans d'autres institutions encore du droit romain? Pour quelques-unes, la réponse serait certainement affirmative. Mais pour résoudre la question, je devrais manier des matériaux historiques tellement nombreux, que je me vois forcé de passer outre.

Résumons en quelques mots le résultat auquel nous sommes parvenus dans nos recherches. Le développement progressif de l'élément de faute dans l'histoire du droit romain privé se manifeste dans les trois classes suivantes d'actions :

1. Celles dans lesquelles l'élément de faute ou de délit a conservé la forme originaire d'une action de délit spéciale, auxquelles par conséquent il est resté foncièrement étranger.

2. Celles auxquelles il était étranger à l'origine mais qui l'ont accueilli plus tard.

3. Celles qui originairement considérées comme actions de délit, se sont élevées plus tard au rang de demandes purement réipersécutoires.

---

placée par une autre plus large et plus objective. Il en est de même d'une foule de cas où les juristes romains admettaient une *culpa*. Ce sont des dispositions de nature objective, violemment comprimées dans la forme subjective, et la jurisprudence progressive seule les débarrassera de cette forme étroite. Un exemple tiré de la jurisprudence allemande est fourni par la divergence des opinions sur le droit des auteurs. L'opinion subjective ramène le rapport à l'idée du délit qui se trouve dans la contrefaçon; l'opinion objective le reconnait, délivré de cette condition restreinte, dans son objectivité, comme droit de l'auteur; il se rapproche ainsi de la propriété. Enfin, pour en revenir au droit romain, il faut mentionner encore ici le développement de l'action en diffamation qui avait d'abord pour condition le *dolus* du défendeur, mais qui dans la suite s'en affranchit. V. Degenkolb, *Einlassungszwang und Urtheilsnorm*, Leipzig, 1877, p. 206.

IV

DÉVELOPPEMENT INTERNE DE LA THÉORIE DE LA FAUTE

La deuxième partie de mon sujet (p. 24) embrasse une matière que je regrette presque de devoir aborder. Plus que toute autre, elle nous découvre le trésor des justes et impérissables idées des juristes romains, elle nous offre le spectacle du mouvement scientifique le plus ardent et d'une activité créatrice s'élevant en toute liberté du terrain sûr de la vie pratique jusqu'aux hauteurs les plus abstraites de la spéculation philosophique. La tentation de s'en occuper longuement se présente avec un charme d'autant plus vif, qu'il est presque impossible de la parcourir d'un vol rapide et de résumer en quelques phrases les impressions fondamentales que son étude laisse dans l'esprit. Je pourrai cependant mettre mon projet à exécution, grâce à cette circonstance que le sujet étant, pour la plupart de ses détails, universellement connu, il donnera lieu moins à des explications qu'à une simple énumération. Tout en me réservant d'examiner de plus près certains points spéciaux qui font exception, je me bornerai à un simple inventaire, si je puis ainsi m'exprimer, pour montrer à ceux qui connaissent le droit romain, l'immense richesse du sujet qui se présente à nous.

Je ramène à trois points ce que la théorie des juristes romains a de caractéristique et d'important.

1. L'application rigoureuse de la règle que ce n'est point le dommage comme tel, mais uniquement la culpabilité qui fonde la responsabilité et par cela même l'obligation de réparer le dommage.

2. La distinction des diverses espèces et degrés de faute.

3. L'équilibre entre la culpabilité et la peine.

I. *Sans faute point de responsabilité, c'est-à-dire point d'obligation de réparer le dommage.*

Ce n'est pas le dommage qui oblige aux dommages intérêts, c'est la faute.

Voilà une proposition bien simple, aussi simple que celle du chimiste enseignant que ce n'est point la lumière qui brûle, mais l'oxigène de l'air. Mais pour le savant, chacune de ces deux propositions contient l'histoire entière de toute une science. Chacune d'elles ressemble à la modeste croix qui s'élève audessus de la tour; avant que la croix ne pût être placée, toute la tour a dû d'abord être bâtie : la croix est le couronnement et la cîme de tout l'édifice.

La science chimique n'a pu rencontrer plus de difficultés pour en arriver à formuler sa proposition que la jurisprudence pour établir la sienne. Chimie et jurisprudence ont toutes deux dû apprendre à faire abstraction de l'apparence extérieure, toutes deux elles ont dû échapper à la puissance de l'appréciation naturelle et sensible, toutes deux ont dû livrer un incessant combat contre le préjugé. En effet si l'idée que c'est la lumière qui brûle est familière à l'ignorant, la proposition que le dommage occasionné, ou simplement le dommage, oblige à réparation, l'est tout autant au sentiment juridique imparfait. Dans l'un cas comme dans l'autre, il a fallu d'abord ébranler et briser la foi dans la vérité de l'observation sensible, il a fallu destituer de son office l'oeil qui se croit le juge des faits et le remplacer par le jugement de la science.

Cela consistait, pour la question des dommages intérêts à remplacer le point de vue de la *causalité externe* du fait par celui de la *causalité interne* de la culpabilité. A première vue celui-là est l'auteur et par conséquent responsable de son fait, qui l'a exécuté extérieurement. Dans la théorie des juristes romains, c'est celui auquel on peut l'imputer à faute. Ce n'est point le fait extérieur, c'est l'*action* qui oblige, c'est-à-dire la causalité du fait dans la volonté humaine; ce n'est pas même l'action d'une manière absolue, c'est l'action voulue. Sans cette condition, le dommage que l'homme a causé tombe sous la même appréciation que celui produit par la grêle : c'est un évènement naturel dont les suites dommageables doivent être supportées par celui qu'elles atteignent. En langage juridique, c'est un *casus*.

Les institutions et les règles du droit ancien qui punissaient même l'innocent devaient avec le temps devenir incompatibles avec cette conception épurée. Quelques-unes, il est vrai, grâce à la force de l'habitude, restèrent longtemps encore en vigueur [81] — restes d'une civilisation disparue, formant un étrange contraste au milieu d'une situation complètement changée — jusqu'à ce que, elles aussi, finirent par céder devant l'esprit de l'époque [82]. Mais l'évolution était complète, pour toutes les institutions, à l'époque des juristes classiques. Toutes les créations qui doivent leur existence à ces derniers ou au Préteur, respirent un esprit tout autre. Même chez celles dont l'origine se reporte jusque dans le droit le plus ancien, comme surtout la *reivindicatio*, l'action de l'esprit du temps s'est montrée plus puissante que toute tradition. L'idée que nous avons énoncée en tête de ce chapitre domine triomphante presque tout le droit nouveau. Convainquons-nous en, en examinant les trois rapports suivants : 1) les actions de délit, 2) les actions contractuelles, 3) les actions *in rem*.

I. LES ACTIONS DE DÉLIT.

1. Enfants, fous, animaux.

Celui qui ne sait ce qu'il fait n'encourt aucune responsabilité.

(81) Par ex. l'*actio furti concepti*, que GAIUS III, 191 et PAUL S. R. II, 31, 5, 14, mentionnent encore comme en pratique. Mais déjà un rescrit de SÉVÈRE et ANTONIN (L. 8, Cod. ex quib. caus. inf. 2, 12) désigne le jugement basé sur cette action, contre l'innocent, comme : *durior sententia*, et abolit l'infamie.

(82) Dans le droit de JUSTINIEN toutes les actions de vol spéciales, à l'exception de l'*actio furti manifesti* et *nec manifesti* ont disparu : *in desuetudinem abierunt*, comme dit JUSTINIEN dans le § 4, J. de obl. ex del. (4, 1). Il ajoute : *cum manifestissimum est, quod omnes qui* SCIENTES *rem furtivam susceperint et celaverint furti nec manifesti obnoxii sunt*. Dans ce seul mot : SCIENTES gît toute la différence de l'ancien et du nouveau droit. De même, toutes les peines de procédure (p. 15) ont également disparu.

L'insensé, que tant de législations obligent à réparer le dommage qu'il a causé, reste indemne d'après le droit romain. Son fait, comme celui de l'animal, n'est pas soumis aux lois du monde moral, il ne relève que de celles du monde physique. C'est un événement de la nature extérieure comme la chûte d'une pierre ([93]). Mais de même que le maître, lorsqu'il a une faute à se reprocher, répond pour l'animal qui lui appartient, de même, dans les mêmes circonstances, celui qui avait à veiller sur l'insensé, sera responsable des actes de celui-ci ([94]). Il en est de même des enfants, non seulement des *infantes* dans le sens technique (jusqu'à la 7e année accomplie), mais aussi de ceux qui ont déjà dépassé cet âge *(infantia majores)* sans avoir encore l'intelligence du caractère injuste de leurs actions *(infantiae proximi)* ([95]). Ce n'est que lorsque cette intelligence existe que l'homme peut être rendu responsable de ses actions. Mais cette intelligence ne se produit pas tout d'un coup : elle ne s'éveille qu'insensiblement, et encore pas en même temps pour tous les individus ; chez les uns elle est plus lente que chez les autres : bref, il y a un âge critique pour l'imputabilité. Les Romains ont pris ce fait en considération ; ils ne rattachent pas la responsabilité des *infantia majores* à un moment de temps fixé d'une manière abstraite ; ils abandonnent cette question à l'appréciation individuelle du juge.

L'idée de la faute ne peut aucunement être appliquée aux animaux ([96]). C'est le propriétaire, ou toute autre personne, si

([93]) L. 5, § 2 ad L. Aq. (9, 2)... *Quemadmodum si quadrupes damnum dederit aut si tegula ceciderit*. L. 61 in f. de adm. (26, 7).. *casu aliquo sine facto personae*.

([94]) L. 14 in f. de off. praes. (1, 18).

([95]) Et ce non-seulement pour des délits proprement dits, mais encore pour les actes dommageables dans des rapports juridiques préexistants. V. p. ex. L. 61 de adm. (26, 7) verbis : *pupillus expers culpa*. L. 60 de R. V. (6, 1).

([96]) L. 1, § 3 Si paup. (9, 1).. *damnum sine injuria facientis datum, nec enim potest animal injuria fecisse, quod sensu caret.*

une faute peut lui être imputée, qui reste responsable (97). En ce qui concerne les animaux domestiques, les juristes romains distinguent si l'animal a causé le dommage *secundum* ou *contra naturam sui generis*. Dans le premier cas, le propriétaire doit abandonner l'animal. Il ne le doit point dans le second cas. Il est évident que cette distinction se trouve dans une certaine concordance avec l'idée de la faute, soit que celle-ci soit imputable à l'animal, soit qu'elle réside dans le chef du maître. C'est précisément une raison, pour moi, pour dire que ce n'est pas le droit ancien qui a pu créer une distinction aussi subtile (p. 14). Il aurait donné là un démenti à son caractère propre, et se serait mis en contradiction avec toutes les autres législations de l'antiquité parvenues au même degré de civilisation (98). Je suis plus porté à n'envisager cette distinction que comme une innovation introduite par la jurisprudence postérieure. Quel pourrait donc être le motif originaire qui a donné lieu à cette distinction? Ne serait-ce point l'idée d'un vice imputable comme faute à l'animal et dont logiquement l'animal devait répondre? Quoi qu'il en soit, on ne peut faire usage, ici, du texte d'ULPIEN, juriste du droit nouveau, cité dans la note 96 (99).

---

(97) V. des exemples dans la L. 1, § 4 — 8 ibid.

(98) V. sur ce point ZIMMERN, *System der römischen Noxalklagen*, p. 94, 95. HEPP l. c. p. 103.

(99) Comparez à ce sujet les passages cités dans SCHRADER, Ins. IV, 9, pr. qui y trouve exprimée pour les animaux une : *injuriae quoddam genus vel potius similitudo*. V. surtout la L. 1, § 11 si paup. (9, 1) où un des plus anciens juristes, Quintus Mucius, de l'époque de Cicéron, applique le point de vue de la faute au combat de deux animaux : *ut si quidem is periisset, qui adgressus erat, cessaret actio, si is*, QUI NON PROVOCAVERAT, *competeret actio*. Si l'on avait conçu fortement et sciemment l'idée d'une faute pouvant engager la responsabilité du propriétaire de l'animal, à raison du vice de ce dernier, on aurait dû rendre le propriétaire responsable lors même qu'il n'eût pas été en possession de l'animal.

2. Actes commandés par la nécessité

Ils ne donnent lieu à aucune responsabilité. Le capitaine de navire qui jette des marchandises à la mer dans le but de sauver le bâtiment et sa cargaison, le pêcheur qui, pour dégager sa barque, coupe les filets et les amarres dans lesquelles il s'est engagé sans sa faute (100), le propriétaire qui, pour protéger sa propre maison, démolit la maison en feu de son voisin (101), ne commettent point un *damnum injuria datum;* ils n'ont agi que contraints par la nécessité d'une situation dans laquelle ils se sont trouvés sans leur faute et dont ils peuvent rendre la fatalité seule responsable.

3. Successeurs de l'auteur du dommage

Sans faute point de peine. Aussi l'obligation de réparer le dommage, qui dans les idées romaines est une sorte de peine, ne passe-t-elle point aux successeurs, soit universels, soit particuliers, de l'auteur du dommage.

Ceux-ci, on le sait, ne répondent que de ce qu'ils ont encore en mains, de ce dont ils se sont enrichis par suite du délit de leur auteur. S'agit-il, par exemple, de l'enlèvement d'un ouvrage exécuté injustement *(vi aut clam)*, ils ne sont tenus que de *patientia*, c'est-à-dire de souffrir que le demandeur enlève l'ouvrage à ses propres frais (102).

Quant aux héritiers, c'est à bon droit, je crois, que le droit canon a aboli le principe. En effet, par le même motif pour lequel le droit romain les rend responsables, dans les *rapports*

(100) L. 29, § 3, ad L. Aq. (9, 2).

(101) L. 49, § 1 ibid. L. 7, § 4, Quod vi (**43**, 24).

(102) L. 16, § 2, Quod vi (**43**, 24). *In summa qui vi aut clam fecit, si possidet, patientiam et impensam tollendi operis, qui fecit nec possidet, impensam, qui possidet nec fecit, patientiam tantum debet.* La L. 3, § 2, 3, de alien. (**4**, 7) nomme outre l'*interd. quod vi aut clam*, l'*actio aquae pluviae arcendae* et l'*operis novi nunciatio.*

contractuels, des fautes de leur auteur, on peut aussi les obliger à des dommages intérêts à raison de ses délits. Il ne s'agit pas, en effet, de *leur* faute, mais de celle de leur *auteur*, qu'ils ont à représenter (v. plus loin VII).

L'esprit qui a guidé le droit romain dans toute cette matière, se trouve suffisamment caractérisé par les points que nous venons d'examiner. Remarquons encore, mais seulement pour être complets, que dans quelques cas tout spéciaux, et déterminé par des motifs d'intérêt public *(utilitatis publicae causa)*, le droit romain admet une responsabilité à raison de faits commis par d'autres personnes et sans qu'on puisse alléguer une faute personnelle; tels sont: l'*actio de recepto*, l'*actio furti* contre les *nautae*, *caupones*, *stabularii*, l'*actio de effusis et dejectis* et l'action contre les publicains pour leur personnel de service ([103]).

4. Les actions contractuelles

A mon avis, le principe que nous avons énoncé ci-dessus est aussi celui qui a guidé les juristes romains dans cette matière. Pour eux, l'*obligation de prester l'interesse* (c'est à dire des dommages intérêts pour défaut d'exécution, pour retard dans l'exécution ou pour exécution défectueuse), *exige toujours comme condition l'existence d'une faute*.

La démonstration complète de cette proposition exigerait une étude particulière et trop détaillée pour prendre place dans le cadre de la présente dissertation. Je n'oserai donc affirmer que les indications qui vont suivre, et qui sont les seules que je veuille mettre en avant, soient suffisantes pour corroborer et faire admettre mon assertion.

Il est une objection que l'on me fera certainement tout d'abord. Le droit romain, me dira-t-on, dans plusieurs cas, impose l'obligation de prester l'*interesse*, alors qu'en réalité on ne peut admettre l'existence d'aucune faute. Tels sont, en particulier,

([103]) L. 1, pr. de publ. (39, 4).

le cas de la *mora*, celui de l'éviction et celui de la responsabilité du chef des actes d'autrui.

1. En ce qui concerne la *mora*, il n'y a certainement, paraît-il, aucune faute à reprocher au débiteur, lorsque malgré tous ses efforts il ne peut exécuter la prestation. Cependant, il est tenu à des dommages intérêts.

A cela je réponds que nul ne doit s'engager à exécuter une prestation qui dépasse ses moyens [104]. Chacun doit connaître la mesure de ses forces et calculer, avant de contracter, ce qu'il est capable de prester. S'il se fait illusion, le contractant commet une faute, dont lui-même, et non son adversaire, doit supporter les conséquences dommageables [105]; ce dernier aurait pu contracter avec un autre. La *culpa* rétroagit ici au moment de la conclusion du contrat.

Au surplus, il n'est plus nécessaire, dans l'état actuel de la doctrine, de justifier l'existence d'une *culpa* dans la *mora* [106].

2. *La garantie d'éviction.* Celui qui vend une chose est tenu de savoir si elle lui appartient [107]. S'il se trompe sur ce point, il encourt le même reproche que dans le cas précédent : il a commis une faute en contractant; il doit par conséquent des dommages intérêts. Si ce reproche vient à tomber, l'obligation

---

(104) L. 7, pr. Dep. (16, 3)... *cum posset non suscipere talem causam quam decipere.* L. 8, § 1 ad L. Aq. (9, 2)... *cum affectare quisque non debeat, in quo vel intelligit vel intelligere debeat infirmitatem alii periculosam futuram.* L. 9, § 5 Loc. (19, 2) *quod imperitia peccarit, culpam esse.*

(105) L. 137. § 4 de V. O. (45, 1).. *causa difficultatis ad incommodum promissoris pertinet.*

(106) V. surtout VANGEROW *Lehrbuch der Pandekten* § 588, note 1.

(107) De même il doit savoir si elle a les qualités promises. L. 1, § 2 de aed. ed. (21, 1) : *Venditorem, etiamsi ignoravit ea quae aediles praestari jubent, tamen teneri debere. Nec est hoc iniquum,* POTUIT *enim ea* NOTA HABERE *venditor, neque enim interest emtoris, cur* FALLATUR, IGNORANTIA *venditoris an* CALLIDITATE. La théorie de la *culpa in contrahendo* que j'ai établie repose sur le même principe (note 90).

s'évanouit également. Une obligation plus restreinte la remplace : la restitution du prix de vente. Il en est ainsi notamment, dans le cas où le *pignus ex causa judicati captum* est évincé sur l'acheteur ([108]), le saisi est sans faute, la vente a été faite sans sa volonté. Cette décision est très significative au point de vue du rapport que je soutiens exister entre la culpabilité et les dommages intérêts. Sa force probante est corroborée par des décisions qui ne concernent pas, il est vrai, le cas de l'éviction, mais le cas tout à fait analogue, où l'obligé se trouve dès le principe dans l'impossibilité d'exécuter la prestation, parce que la chose qui en fait l'objet est une chose d'autrui qu'il ne peut se procurer. S'il a volontairement assumé l'obligation, il doit des dommages intérêts, lui a-t-elle été imposée sans sa volonté, il ne doit que la valeur de la chose ([109]). La même distinction s'applique au cas où il doit livrer la même chose à différentes personnes. Le vendeur qui a vendu deux fois la chose doit la chose même à l'un des acheteurs. Vis-à-vis de l'autre il est tenu à des dommages intérêts. L'héritier grevé deux fois du legs de la même chose, doit remettre celle-ci à l'un des légataires. L'autre n'a droit qu'à la valeur de la chose léguée ([110]).

3. *Responsabilité à raison des actes de personnes tierces.* Celui qui ne doit que faire choix d'une autre personne, chargée d'accomplir une opération quelconque, ne répond que de sa négligence dans le choix de la personne élue *(culpa in eligendo)*. Mais celui qui, tenu d'exécuter lui-même la prestation, en charge un tiers, répond de la *culpa* de ce dernier d'une façon

([108]) L. 74, § 1 de evict. (21, 2).

([109]) Pour le premier cas : V. L. 137, § 4 de V. obl. (45, 1) in f... *ne incipiat dici eum quoque dare non posse, qui alienum servum, quem dominus non vendat, dare promiserit.* Pour le second cas : V. L. 71, § 3 de leg. I (30), qui traite du cas où une chose d'autrui a été léguée, que le propriétaire ne veut nullement vendre ou seulement pour un prix exorbitant.

([110]) L. 33 de leg. I (30).

absolue ([111]). Cette responsabilité peut être considérée comme personnelle au même titre que la responsabilité du chef de l'édit des Édiles (note 107). Celui qui s'est substitué une tierce personne peut être rendu responsable des défauts de celle-ci, avec autant de droit que l'on met à charge du vendeur son ignorance des vices de la chose. *Aliquatenus*, (peut-on dire avec la L. 5 § 6 de obl. et act. **44**, 7, laquelle vise cependant un autre cas) *culpae reus est, quod opera malorum hominum uteretur* ([112]).

Qu'il puisse paraître hardi de vouloir ainsi restreindre la responsabilité aux seuls cas d'existence d'une faute personnelle, je suis loin de le contester. La faute, en général, est une question de fait dépendant d'une situation individuelle et variable, tandis que nous la présentons comme un principe juridique abstrait. Peu importe, ici, le fondement de cette théorie, pour le moment il suffit de constater le fait. A cette fin citons un exemple qui démontre de la façon la plus évidente la différence existant entre la faute considérée comme situation de fait individuelle ou comme principe abstrait. Il est incontestable qu'on ne peut dire, d'une façon absolue, qu'il y ait toujours *culpa* lorsque, par son propre fait, le débiteur se voit mis dans l'impossibilité de prester la chose. La L. 1 § 32, 47, Dep. (**16**, 3) le reconnaît, puisqu'elle exige formellement une faute personnelle pour obliger à réparation le dépositaire qui a délivré la chose à un tiers qui n'y avait aucun droit, et son héritier qui a vendu la chose dans l'ignorance du dépôt. La L. 91 § 1, 2 de V. O. (**45**, 1), au contraire, qui se rapporte à une obligation ayant uniquement pour but la prestation d'une chose, apprécie le cas d'une toute autre manière. D'après cette loi, en effet, le

([111]) Je maintiens cette opinion que j'ai établie dans mes *Jahrbücher* IV, p. 84.

([112]) L. 61, § 5 de furt. (**47**, 2) *nam certe mandantis culpam esse, qui talem servum emi sibi mandaverit, et similiter ejus qui deponat, quod non fuerit diligentior circa monendum, qualem servum deponeret*. V. aussi L. 7, § 4 nautae (4, 9)... *culpae suae, qui tales adhibuit.*

débiteur est responsable, absolument, de tout fait par lequel il se met dans l'impossibilité d'accomplir l'obligation, même dans le cas où : *nesciens se debere, servum occiderit*, ou : *cum nesciret a se petitum codicillis, ut restitueret, cum manumiserit*. Or, le juriste rattache cette responsabilité à la *culpa* du débiteur *(culpa in hunc modum dijudicatur)*. L'on ne saurait cependant, dans ce cas, trouver la moindre trace d'une véritable *culpa* concrète. Au contraire, l'absence de faute est évidente.

Comment donc les juristes romains ont-ils été amenés à appliquer le principe de la faute de manière à le dénaturer pour ainsi dire complètement? Ils ne peuvent, me semble-t-il, s'être appuyés sur d'autres considérations que celles que j'ai fait valoir, savoir : que pour toute prestation qui ne doit pas être faite par le débiteur lui-même, la culpabilité personnelle est la condition de la pleine responsabilité. Lorsqu'il n'y a aucune raison pour admettre pareille culpabilité, c'est-à-dire lorsque ce n'est ni le fait du débiteur lui-même, ni celui des tiers qui le représentent, qui a rendu la prestation impossible, le débiteur est déchargé de toute responsabilité. Il peut être tenu à d'autres prestations ([113]), mais il ne peut jamais être passible de dommages intérêts.

En dehors des trois cas que nous venons de parcourir, où la faute se détermine *in abstracto*, les juristes romains résolvent toujours la question de la faute à un point de vue concret et individuel. Ce n'est donc point le fait du débiteur ou son omis-

([113]) Prestation de la valeur de la chose (notes 109, 110); le *lucrum ex re*, V. p. ex., L. 1, § 47, L. 2. Dep. (16, 3), L. 13, § 17 de act. emti (19, 1), L. 15, § I de R. V. (6, 1); dans les conventions bilatérales, l'anéantissement total ou partiel de la contre prestation, le cas échéant la restitution de ce qui a été payé. V. p. ex. pour la vente : L. 33, Loc., (19, 2); pour le louage : L. 15; § 7, 9, L. 19, § 1, L. 33, ibid. Dans ces derniers textes, la distinction entre la non prestation coupable ou non coupable du *frui licere* est clairement indiquée; dans le premier cas, le bailleur doit l'*interesse*, dans le second il perd tout droit aux loyers.

sion, comme tels, qui l'obligent à réparer le dommage subi par le créancier. Ce fait, cette omission ne peuvent lui être mis à charge que dans la mesure indiquée par les principes qui déterminent le degré de la *culpa* eu égard au rapport contractuel dont il s'agit. La perte même de la chose par détournement ne rend pas le débiteur responsable d'une manière absolue. Il est présumé en faute, mais il pourra combattre cette présomption par la preuve contraire ([114]). Il en est de même pour le cas où des mesures de prudence toutes spéciales auraient pu éviter la perte de la chose. Le débiteur n'est pas tenu de prendre des précautions auxquelles personne ne songe, parce qu'elles ne sont pas en rapport avec le danger ou qu'elles ne valent pas les frais qu'elles entraînent ([115]). Tout événement qui survient, sans qu'on puisse reprocher au débiteur une négligence dans les soins qui lui incombent, est un *casus*. Or, le *casus* concerne le créancier, non le débiteur. Pareil événement ne peut avoir pour effet que de priver le débiteur de sa contre prestation ([116]).

5. Les actions in rem

Pour la plupart de ces actions, nous n'avons pas besoin de démontrer la vérité du principe que des dommages intérêts ne peuvent être dus là où il n'y a point de faute. On sait que le *bonae fidei possessor*, dans la *reivindicatio*, n'assume de responsabilité envers le demandeur qu'en tant qu'il est encore en possession de la chose même ou de ses fruits. Si le *bonae fidei possessor* a aliéné, consommé, anéanti, détérioré la chose, le propriétaire, sans doute, souffre un dommage. Mais, ignorant le droit du demandeur, quelle faute peut avoir commis le défen-

([114]) HASSE. *Die Culpa des Römischen Rechts*, chap. 10.

([115]) Un exemple connu nous en est fourni par les juristes romains : ils distinguent entre la fuite des *servi custodiri non soliti* et *custodiri soliti*. V. p. ex. L. 18 pr. Comnod., (13, 6), L. 23, de R. J., (50, 17).

([116]) P. ex., L. 19, § 1, L. 33, loc. (19, 2).

deur? La responsabilité de ce dernier n'est engagée qu'à partir du moment où le demandeur fait valoir son droit contre lui; et encore cette responsabilité ne s'étend-elle point au-delà de sa faute, car il ne répond point du *casus* ([117]). Au contraire, le *malae fidei possessor*, qui connaissait le droit du demandeur, est par cela même en faute; il est responsable de tous ses faits depuis l'origine jusqu'à la fin de sa possession. Contre lui, la *reivindicatio* fait l'office d'une action pénale. Le même principe s'applique à l'*hereditatis petitio*, et à toutes les actions imitées de la *reivindicatio* : à l'*actio publiciana*, *hypothecaria* et à l'*actio in rem utilis* de l'emphytéote et du superficiaire.

On a souvent contesté que ce principe fût applicable à l'*actio confessoria* et *negatoria*, en alléguant que l'une et l'autre tendaient, d'une manière absolue, à l'obtention de dommages intérêts, sans distinguer si elles étaient intentées contre le coupable ou l'innocent, contre l'auteur du fait ou contre son successeur dans la possession. Je me suis déjà expliqué sur ce point (p. 29). Ces deux actions, incontestablement, peuvent atteindre sensiblement, dans ses intérêts, le possesseur de bonne foi : mais la *reivindicatio* est exactement dans le même cas. Dans toutes ces actions, la demande n'a d'autre but que le rétablissement de l'état de choses légitime. Ne peut-on pas dire, au surplus, que certaines institutions de la procédure romaine apportaient un tempérament considérable à ces conséquences fâcheuses, notamment le principe de la condamnation pécuniaire, et dans certains cas, la contrainte indirecte imposée à l'intéressé de faire une protestation en temps opportun *(operis novi nunciatio)*? Je n'insisterai pas sur ce point ([118]).

([117]) L. 40 pr. de her. pet., (5, 3), L. 27, § 1, 4, L. 33, L. 36, § 1, L. 58 de R. V., (6, 1).

([118]) Je me suis expliqué à cet égard dans d'autres écrits V. *Jahrbücher*, VI, p. 98 s. et *Zweck im Recht*, I, p. 516.

V

II. DES DEGRÉS DE LA FAUTE

La doctrine du dol et de la faute constitue le point culminant de la théorie des juristes romains sur la culpabilité. La *mora* et la *mala fides* ne viennent qu'en seconde ligne, non qu'elles aient été traitées avec moins de talent, mais leur richesse juridique était moindre. Elles sont, en effet, circonscrites dans le cercle de l'injustice subjective et ne sont pas susceptibles de degrés. Quant au dol et à la faute, ce sont les deux branches principales de la notion générale de la culpabilité contractuelle. Celle-ci est susceptible d'une application universelle et elle admet une quantité de modalités et de degrés.

Le *dolus* est la violation consciente des obligations contractuelles. L'on sait ou l'on ne sait pas, il n'y a point de milieu : aussi le *dolus* n'a-t-il point de degrés. Agit-on sans savoir, le *dolus* n'existe point, lors même que l'erreur serait inexcusable [119]. Les juristes romains, si fins appréciateurs de la moralité des actions de l'homme, se refusent même à admettre le *dolus* lorsqu'il entraînerait l'infamie, toutes les fois qu'un sentiment noble ou excusable a entraîné l'obligé à oublier ses engagements. La perspective seule de l'infamie qui serait encourue, a donné lieu à cette disposition qui n'arrête cependant pas la responsabilité du patrimoine de l'obligé. La même disposition est applicable au *dolus* extracontractuel [120].

---

(119) L. 2, § 20, Vi bon. (47, 8), L. 25, § 6 de H. P. (5, 3), L. 36, § 1, L. 44, pr. de usuc., (41, 3), § 1, Inst. vi bon. (4, 2). La proposition n'est pas si évidente qu'elle paraît ; en appliquant rigoureusement la règle sur l'erreur de droit on aurait pu aboutir à une conclusion contraire ; V. L. 25, § 6 cit.

(120) Parmi ces motifs se trouvent : 1. La compassion, p. ex., quelqu'un laisse échapper un esclave destiné à la torture. L. 7. pr. Dep. (16, 3);

La possibilité de la violation d'un devoir ne s'étend pas au delà du devoir lui-même. Or, l'étendue du devoir grandit ou se restreint selon le rapport dans lequel il prend sa source. Tel fait, par conséquent, qui serait parfaitement licite dans tel rapport, devient une action doleuse lorsqu'il se reproduit à l'occasion d'un rapport autre. Dans la vente, l'intérêt personnel seul guide l'acheteur et le vendeur. Il importe peu qu'il soit à la connaissance de l'un que le marché sera préjudiciable pour l'autre. Ceci ne présente rien d'anormal ([121]). Les deux contractants ne doivent point se servir de tuteur, l'un l'autre, chacun d'eux veille à ses propres intérêts et doit supposer les mêmes préoccupations chez l'autre. Mais qu'un mandataire, qu'un tuteur ou tout autre gérant d'affaire en agisse de même, il viole la nature du rapport qui le lie envers celui dont il doit sauvegarder les intérêts : il commet un *dolus* ([122]).

La responsabilité pour le *dolus* est absolue. Rien ne peut l'effacer ni la paralyser. Toute convention préalable à cet égard est nulle ([123]). Elle ne peut s'abriter même derrière la stupidité de l'adversaire ([124]). Les incapables, même, et les imbéciles ne

dans le dolus extracontractuel, on donne, dans ce cas, au lieu de l'*act. de dolo*, infamante, une *actio in factum*, L. 7, § 7 de dolo (4, 3). V. aussi L. 14, § 2 de cust. reor. (48, 3); ou bien quelqu'un cache chez lui l'esclave fugitif. L. 5 pr. de serv. corr. (11, 3). 2. La considération pour des proches, L. 11, § 3 quod falso tut. (27, 6). 3. La frayeur L. 16, § 1 de lib. causa (40, 12).

([121]) L. 16, § 4 de minor. (4, 4). *In PRETIO emtionis et venditionis naturaliter licere contrahentibus se circumvenire.* L. 22 § 3 Loc. (19, 2).

([122]) On les désigne comme *praedones*. L. 6, § 3 de neg. gest. (3, 5), L. 3, § 15 de susp. tut. (26, 10).

([123]) L. 23 de R. J. (50, 17)... *non valere, si convenerit, ne dolus praestetur.* L. 1, § 7 Dep. (16, 3)... *nam haec conventio contra bonam fidem contraque bonos mores est.*

([124]) V. Der Lucca-Pistoja-Actienstreit (*Vermischte Schriften*, p. 241. Leipzig 1879).

doivent pas être la proie des méchants. Les coquins n'ont pas droit à l'impunité.

Par sa nature, le *dolus* est absolu, inflexible : tel la jurisprudence romaine l'a conçu, et c'est de cette conception qu'elle est partie dans l'application de ses principes. La *culpa*, au contraire, dans son essence, est toute relative. Avec une élasticité remarquable, elle s'adapte aux rapports les plus divers et les suit dans leurs nuances les plus délicates. Il serait oiseux d'expliquer ici les distinctions connues de la *culpa in faciendo* et *non faciendo*, de la mesure abstraite et concrète de la *culpa*, de la *culpa lata* et *levis*, elles sont le pain quotidien du juriste. Mais tous les juristes, peut-être, ne savent point avec quelle admirable intelligence de la nature propre des divers rapports contractuels, les trois degrés principaux de la *culpa : culpa lata*, *levis* et *diligentia quam in suis*, y sont mis en application. C'est, à mes yeux, une des plus heureuses conceptions des juristes romains, d'avoir fait de l'intérêt que présente le contrat, le principe fondamental de toute cette matière, et c'est une erreur, à mon avis, de prendre pour point de départ le principe de la prestation de la *culpa levis*, ainsi que le font quelques auteurs.

Il est bien vrai que les modifications que l'on fait subir à ce principe mènent au même résultat que le point de départ des juristes romains. Mais je suis cependant convaincu que ce procédé empêche de concevoir la véritable intelligence de la théorie romaine. Cette théorie ne peut être saisie que par celui qui se place au point d'où elle-même est partie. Ce point de départ est celui-ci : Quiconque réalise ou veut réaliser un bénéfice doit être sur ses gardes ([123]). Pour faire des affaires, il faut déployer le zèle et l'intelligence de l'homme d'affaires *(diligens paterfamilias)*. Dans tous les contrats onéreux, donc, les deux parties répondent de *culpa levis :* ce n'est que dans ceux qui établissent

([123]) Cette idée se retrouve aussi chez les Talmudistes. V. L. AUERBACH, *Jüdisches obligationenrecht* I. Berlin 1871, p. 17.

ou supposent un certain rapport personnel plus étroit, comme dans la société et la dot, que la *culpa levis* se tempère jusqu'à la *diligentia quam in suis rebus*. Dans les rapports gratuits, au contraire, celui qui reçoit une libéralité, qui réalise un gain, est tenu de *culpa levis*, tandis que celui qui fait la libéralité, c'est-à-dire celui qui fait un sacrifice, ne doit répondre que de la *culpa lata* ([126]). Si les juristes romains ont introduit des exceptions à cette règle, s'ils l'ont fait plier devant certaines considérations, s'ils ont, en apparence, apporté quelque trouble dans la matière en multipliant les extensions et les restrictions, c'est qu'ils ont pris leur mission de haut et qu'ils n'ont jamais eu la prétention de suffire à la multiplicité des rapports qu'il s'agissait de régler, au moyen d'une formule sèche et unique. La forme dont ils ont enveloppé leur doctrine s'adapte étroitement aux rapports les plus divers; le but et le caractère particulier de chacun d'eux sont fidèlement observés, et l'ensemble du système conserve une harmonie que rien ne trouble.

VI

III. L'ÉQUILIBRE ENTRE LA CULPABILITÉ ET LA RÉPARATION

Les peines introduites par l'ancien droit civil et par la procédure liaient les mains à la jurisprudence classique. Elle pouvait se mouvoir à l'aise dans la fixation des dommages intérêts. Bien vagues en effet, étaient les expressions des formules : *quidquid ob eam rem dare facere oportet*, *quanti ea res est*, etc. Elles réclamaient tous les efforts de la jurisprudence pour en fixer la portée. Nous avons jusqu'ici effleuré bien des doctrines fécondes en richesses juridiques et hérissées de difficultés. Celle-ci est peut être la plus délicate de toutes. Elle ne se trouve encore qu'en voie de formation à l'époque de la jurisprudence classique; les

([126]) Le dépositaire, dans le sens romain, ne répond que de *culpa lata*; s'il reçoit un salaire, il répond de *culpa levis*.

principes qui la dominent n'ont pas encore été coulés en règles simples et fixes, dénotant une perception claire et nette du système, comme ceux que nous venons d'examiner. Les décisions se basent encore sur des considérations propres à chaque cas particulier qu'il s'agit de résoudre. Établir ces règles a été le lot de la jurisprudence moderne. La tache est-elle accomplie? J'en doute, car on n'eût pas, dans ce cas, perdu de vue d'une manière aussi complète une des idées fondamentales qui animaient la jurisprudence romaine et que nous exprimons par ces mots: *l'équilibre entre la faute et les dommages intérêts.*

Lorsque la faute et le dommage sont prouvés, l'obligation de réparer complètement le dommage se comprend d'elle-même, ou en d'autres termes, pour que cette obligation naisse il suffit d'un simple rapport de cause. Rien de plus juste, semble-t-il, que cette idée. La conclusion cependant, est trompeuse; bien plus, elle est dangereuse. Un mandataire a négligé de remettre une lettre, de la remise opportune de laquelle il y allait, pour l'envoyeur de plusieurs milliers de francs. Le mandataire sera-t-il responsable? Dans l'espèce, le rapport de cause peut être établi avec la dernière évidence. Mais qui voudrait contracter encore, si sa fortune toute entière, peut-être, doit payer le plus léger oubli?

Écoutons ici les réponses des jurisconsultes romains. L'action de l'acheteur contre le vendeur, du chef de l'éviction qu'il a soufferte, comprend notamment le remboursement des impenses qu'il a faites sur la chose, en tant qu'il n'a pu obtenir ce remboursement de l'auteur de l'éviction. En règle générale, ces impenses se tiendront dans des limites modérées, mais on peut admettre comme possible, qu'exceptionnellement, elles excèdent, et de beaucoup, ces limites, par exemple, qu'elles atteignent le décuple du prix de vente [127]. Le vendeur doit-il, dans ce cas, prester

[127] La L. 43 in f. de act. emti (19, 1), cite comme exemple un esclave acheté (enfant sans doute) pour un prix très modique et que l'acheteur a fait instruire à grands frais comme artiste.

une réparation complète? *Iniquum videtur*, dit PAUL, dans la L. 43 de Act. emti (note 127), *in magnam quantitatem obligari venditorem, cum non sit cogitatum ab eo de tanta summa*, et dans la L. 44 AFRICAIN ajoute : *cum forte mediocrium facultatum sit et non ultra duplum periculum subire eum oportet*. Ce n'est que lorsqu'il a *sciemment* vendu la chose d'autrui qu'il répond du tout [128], car alors il est *in dolo* [129].

Si jamais quelqu'un, croîrait-on, doit répondre de tout le dommage causé, c'est bien celui qui s'en est rendu responsable expressément par la *cautio damni infecti*. Cependant les juristes romains décident le contraire. Si des fresques précieuses couvrent le mur de mon voisin, qui s'est écroulé à la suite de travaux entrepris ou négligés par moi, je ne réponds que des frais de peinture ordinaires, ne dépassant point la mesure habituelle [130], encore qu'il s'agisse, dans ce cas, non d'un dommage, médiat mais bien immédiat.

Il ne suffit donc point qu'il y ait faute et dommage : l'étendue du dommage entre encore en ligne de compte (MODERATAM *aestimationem faciendam*, MODUS *servandus*). Cependant cela n'est pas vrai d'une façon absolue. Celui qui, sciemment et intentionnellement, a causé un dommage à autrui, ne peut se soustraire à une réparation complète; il a su et voulu ce qu'il a fait. La mesure de la faute détermine celle de la responsabilité : le *dolus*

(128) L. 45, § 1 in f. ibid. *In omnibus tamen his casibus si sciens quis alienum vendiderit, omnimodo tenere debet.*

(129) L. 13 pr. § 1 ibid. *Si sciens*... L. 22 de V. O., (45, 1) et *emtorem* DECEPIT.

(130) C'est ce que décidaient déjà PROCULUS et CAPITO, dans la L. 13, § 1 de S. P. U., (8, 2), *non pluris quam vulgaria tectoria aestimari debent.* ULPIEN dit du même cas, dans la L. 40 pr. Damni inf. (39, 2).. *Non oportet infinitam vel immoderatam aestimationem fieri... moderatam aestimationem faciendam, quia honestus modus servandus est, non immoderata cujusque luxuria sequenda.*

oblige, d'une manière absolue, à tous les dommages intérêts, la *culpa* n'y oblige que dans certaines limites [131].

Déterminer ces limites serait écrire tout un traité de doctrine. Nous nous contentons ici, d'indiquer les idées qui ont guidé les juristes romains dans la théorie que nous étudions. Pour atteindre le but que nous poursuivons, il suffit de constater que l'*équilibre entre la peine et la faute* est une de ces idées qui dominent la théorie des dommages intérêts. Le contraste est frappant entre cette idée et l'opinion qui croit résoudre la question en invoquant le simple lien de cause. Il est vrai qu'aucun juriste romain n'a expressément traduit cette idée, et je prie qu'on se rappelle ce que j'ai dit de l'état incomplet dans lequel se trouve cette théorie. Mais, que l'on scrute attentivement les textes et cette idée apparaîtra comme le centre invisible autour duquel la jurisprudence romaine gravite en s'en rapprochant toujours de plus en plus. Autre est la responsabilité de celui qui sciemment vend la chose d'autrui, qui loue, qui donne en gage ou en prêt une chose endommagée et de celui qui, dans tous ces cas, agit inconsciemment [132]. Et cependant, le lien de cause, dans les deux cas, est le même. Il n'y a lieu au *juramentum in litem* que lorsque l'on peut imputer à l'adversaire un *dolus* ou la *contumacia*, et non lorsque l'on n'a

(131) Justinien a établi, pour le cas, le *duplum*, dans sa l. un. Cod. de sent. quae pro eo (7, 47). (V. L. 44 de act. emti cit.). Pour admettre que cette limite doit aussi être acceptée pour le *dolus*, comme le font maints auteurs, il faut — sans parler de l'arbitraire criant et de l'absence de toute raison d'être d'une pareille disposition — perdre de vue que le même Justinien qui édicta cette loi en l'an 531, adopta quelques années plus tard toutes les opinions des juristes romains établissant d'une manière si précise la distinction du *dolus* et de la *culpa* (notes 128, 129, 130).

(132) L. 61, § 1, 3-6 de furt., (47, 2), L. 17, § 3 in f., L. 18, § 3, L. 22, Com., (13, 6), L. 19, § 1, Loc., (19, 2), L. 13, § 1, 2 de act. emti, (19, 1), L. 21, § 2, Rer. am., (25, 2).

qu'une simple *faute* à lui reprocher ([133]). Le défendeur, dans la *reivindicatio*, doit supporter le *casus*, sans distinguer s'il est *bonae fidei*, ou *malae fidei possessor*; c'est ce qu'enseignait encore PROCULUS, sans se laisser arrêter par l'injustice de la règle, pour le *b. f. possessor* ([134]). Déjà un de ses contemporains prétendit, au contraire, et l'opinion dominante, plus tard, se joignit à lui, que le possesseur (et à ce qu'il paraît, aussi bien le *malae* que le *bonae fidei possessor*) ne doit répondre que pour *dolus* et *culpa*. ULPIEN crut devoir faire des réserves contre l'exagération de ce système et enfin PAUL rencontra la vérité en décidant que le *m. f. possessor* est tenu du *casus*, tandis que le *b. f. p.* ne répond que du *dolus* et de la *culpa* ([135]).

La sévérité de la règle ancienne, en vertu de laquelle le *casus* doit retomber d'une manière absolue sur le débiteur *in mora*, fut battue en brèche de la même manière. La règle était juste pour le cas où la chose n'aurait point péri sans la *mora*, mais son injustice sautait aux yeux dans l'hypothèse contraire, c'est-à-dire dans le cas où même en cas d'exécution opportune, la chose aurait péri pour le créancier ([137]). La même faveur s'étendait-elle à celui qui se trouvait *in mora* à la suite d'un délit? A cet égard s'élevaient, paraît-il, deux opinions, l'une favorable, l'autre défavorable au débiteur ([138]). Le débiteur qui se trouvait dans ce cas était, par rapport au temps de l'estimation, moins favorablement traité que le débiteur contractuel ([139]).

([133]) L. 2, § 1 de in lit. jur., (12, 3).. *dolus aut contumacia* L. 4, § 4 ibid. *ex culpa autem non esse jusjurandum deferendum*.

([134]) L. 40 pr. de her. pet.. (5, 3).. JUSTUM *esse Proculo placet*.

([135]) L. 15, § 3 de R. V.. (6, 1).

([136]) L. 40 pr. de her. pet., (5, 3), L. 16 de R. V., (6, 1).

([137]) On répondait, il est vrai, que le créancier aurait vendu ou pu vendre, mais cela n'a aucun intérêt ici.

([138]) Comp. p. ex. la manière dont s'exprime JULIEN dans la L. 1, § 34 de vi (43, 16), avec celle dont s'exprime ULPIEN dans la L. 14, § 11 in fin. quod met. (4, 2).

([139]) F. MOMMSEN, *Die Lehre von der Mora*, p. 210.

VII

DÉCADENCE DES PEINES

Avançons de quelques siècles encore, et plaçons-nous à l'époque de Justinien. Avons-nous de nouvelles comparaisons à faire? Au point de vue de la question que nous venons de traiter en dernier lieu, l'époque des derniers empereurs, si stérile d'idées, n'a rien su ajouter au fonds légué par la jurisprudence romaine. Mais sous un autre rapport, il s'est opéré un changement qui mérite de fixer toute notre attention.

En comparant attentivement la procédure de l'époque de Justinien à celle de l'époque classique, ce qui frappe tout d'abord, c'est que les peines de procédure, qui jouaient un rôle si important dans la dernière période, ont complètement disparu sous Justinien. Plus de *sponsio poenalis*, plus de *restipulatio* dans les interdits, plus de *fructus licitatio*, plus de *sponsio tertiae* et *dimidiae partis* dans la *condictio certi* et l'*actio de pecunia constituta*, plus de *judicium contrarium* (p. 16), plus de *judicium calumniae* (p. 17); même les peines de la *plus petitio* sont sinon complètement abolies, du moins essentiellement adoucies, (V. plus loin). Nous ne sommes pas en présence de phénomènes isolés; c'est une idée générale, on le sent, qui se poursuit simultanément partout, qui abat toutes ces anciennes institutions.

Est-ce aller trop loin que de parler ici d'une idée, et ces institutions n'ont-elles pas plutôt croulé sous l'effondrement de l'ancienne procédure formulaire? Mais n'aurait-on pu recueillir ces peines sous une autre forme si on les avait jugées applicables encore dans la procédure nouvelle? Non, toutes ces peines avaient vécu. Si leur décadence s'est réellement rattachée à celle de la procédure formulaire, et rien n'est moins certain, il n'y a eu là qu'une cause occasionnelle, non le motif de leur ruine. Une secousse extérieure avait brisé les branches mortes de l'arbre, rien n'empêchait les rameaux encore vivants de continuer à végéter. *In desuetudinem abiit*, dit Justinien (dans le titre des Institutes *de poena temere litigantium* IV. 16 § 1) de l'*actio calumniae, quae in partem decimam litis actores multabat, quod nunquam factum esse invenimus.* C'est-à-dire elle n'a pas été abolie par un acte extérieur de la législation, mais elle s'est éteinte d'elle-même, tuée par le temps.

Quel reproche le temps avait-il à adresser à ces peines? La plupart d'entre elles frappaient de la même façon l'innocent et le coupable, et l'on doit plutôt s'étonner de voir subsister aussi longtemps une pareille rigueur, que de la voir enfin disparaître. La même évolution dans l'appréciation juridique, qui abolit l'*actio furti concepti* (note 91), et qui mit en vigueur, pour le vol, le principe : *quod omnes, qui* SCIENTES... *celaverint, obnoxii sunt*, devait aussi porter les mêmes fruits. Ecoutons comment Zénon s'exprime sur les peines de la *plus petitio*, dans la L. 1 Cod. de plus pet. (3-10) : *tunc vero is qui plus petit damnificatur, quando manifeste convictus fuerit per avaritiam delinquere.* Une époque qui s'était élevée jusqu'à l'expression consciente de cette idée et qui l'avait réalisée dans une institution qui, plus qu'aucune autre, lui répugnait, ne pouvait la laisser subsister dans ses autres applications. Grâce à l'inflexible rigueur des formes de la procédure, les juristes avaient dû conserver la plus grande part des sévères et rigides institutions de l'ancien temps. A l'époque nouvelle, toutes ces parties vermoulues plièrent enfin sous l'irrésistible pression de l'esprit du temps. L'histoire du droit romain se termine par la réalisation triomphante de cette idée, dont la première conception, suivie d'une application générale, sera toujours célébrée comme un des mérites les plus éclatants de la jurisprudence romaine : *Point de peine sans faute.*

Ce ne fut point cette idée seule, cependant, qui fit disparaître la peine dans le droit postérieur.

L'*actio calumniae* avait pour condition l'existence d'une faute. Elle disparut aussi, cependant; quelle en fût la cause? L'explication de cette particularité va nous dévoiler un côté nouveau de notre problème. Elle nous place devant un fragment de l'histoire du développement du droit romain qui d'un côté, nous reporte à l'époque de la jurisprudence classique, tandis que de l'autre il nous transporte bien en deçà du droit de Justinien et jusque dans l'époque moderne. Pendant tout ce long espace de temps, l'histoire du droit romain nous fait assister à la décadence continuelle de l'idée de la peine. Y a-t-il trace, encore aujourd'hui, des peines privées des Romains? On retrouve dans les livres, comme si rien ne s'était passé depuis, on retrouve inscrites dans le *corpus juris* la peine du double et du quadruple pour le vol et le divertissement, du triple pour la rapine, les peines du double pour la dénégation, l'infamie pour l'*act. depositi, pro socio*, etc. Mais en dehors des manuels de pandectes, dans la vie, elles n'existent plus. Ce ne sont plus que des vestiges inertes comme peut en montrer le droit de toutes les époques, et auxquels on peut appliquer ce que Justinien disait du *dominium ex jure quiritium* [140] : *Nec unquam videtur nec in rebus apparet, sed vacuum est et superfluum verbum, per quod animi juvenum, qui ad primam legum veniunt audientiam, perterriti ex primis eorum cunabulis inutiles legis antiquae dispositiones accipiunt.* Est-ce parce que les peines publiques avaient pris leur place que la vie les a repoussées? Le fait est vrai pour quelques-unes d'entre elles. Mais, d'un autre côté, l'expérience du droit romain postérieur démontre que l'existence des unes se conciliait parfaitement avec l'existence des autres. Qu'est-ce qui les empêche donc aujourd'hui de vivre encore côte à côte? Un simple fait nous dispensera d'entrer, à cet égard, dans de longues explications, c'est que sur le terrain du droit civil l'idée de la peine a été remplacée par celle de la réparation du dommage. Ce fait résume tous les progrès réalisés en plusieurs milliers d'années. La peine est l'expression du sentiment juridique excité (p. 10) qui tient pour insuffisante la réparation de l'injustice. Elle

[140] L. 1, Cod. de nudo jure quirit. (7, 25).

a pour but de rendre le mal pour le mal, et elle répond au désir de vengeance bien plus qu'elle ne réalise l'idée du droit. La peine est donc une forme imparfaite, pathologique, du combat contre l'injustice en droit civil. Parfaitement légitime à des époques où se justifie encore la passion mise au service du droit (p. 21), elle perd ce caractère de légitimité à mesure que la passion est exclue dans la poursuite du droit. Cette exclusion est enfin parfaitement réalisée lorsque la peine s'est transformée en réparation du dommage. C'est alors seulement, en effet, que la justice civile rejette définitivement ce que la peine lui communiquait d'accidentel et d'arbitraire, et s'élève jusqu'à n'être plus que la simple négation de l'injustice subjective, ou plus exactement, de ses suites dommageables. La peine privée est essentiellement positive, car au lieu de porter sa mesure en elle-même, ce sont des circonstances historiques variables qui la lui communiquent, le développement plus ou moins grand du sentiment juridique, les variations dans l'estimation des biens lésés, etc. La réparation du dommage, au contraire, considérée comme simple négation de l'injustice trouve dans cette dernière seule son fondement, sa mesure et son terme. Elle y trouve tout au moins sa limite extrême; elle peut rester en deçà (p. 51), mais elle ne va jamais au delà. Tout ce qu'il y a de personnel, tout ce qui pourrait rappeler l'idée de peine, est exclu dans la réparation du dommage. Elle n'a d'autre objectif que l'intérêt du patrimoine, et sa nature devient celle d'une action réipersécutoire ordinaire. Aussi se transmet-elle aux héritiers, tout comme ces dernières. Ce n'est même que lorsqu'elle en est arrivée à ce degré de développement que l'idée de la réparation du dommage est devenue une vérité juridique ([41]).

([41]) L'auteur de cet écrit est revenu sur cette opinion et ce sont les tendances de la jurisprudence des tribunaux allemands qui l'ont déterminé à préconiser la restauration des peines dans la justice civile. (V. ses *Vermischte Schriften*, p. 239. Leipzig, 1879). Mais un autre esprit règne dans

Suivons le développement de cette théorie dans l'histoire. Le droit romain actuel seul nous montrera l'idée entièrement réalisée. Mais ce n'est point le résultat final qui est le point le plus intéressant. Ce qu'il y a de remarquable c'est la manière dont il a été atteint. Ce qui force l'attention, c'est ce mouvement progressif qui se continue pendant plus de 2000 ans, tendant toujours vers un même but, poursuivant sa route lentement et sûrement jusqu'au bout, jusqu'à la réalisation complète de l'idée. Nous allons suivre cette idée pas à pas, et nous verrons le principe de la réparation du dommage triompher peu à peu du principe de la peine.

Le droit romain, dans son dernier développement, tend de plus en plus à abandonner l'idée de la peine. Les preuves de ce fait abondent. Si parfois l'on rencontre les traces d'une tendance contraire, elle sont isolées, ce sont d'inévitables cas de récidive, tel par exemple le *Decretum Divi Marci*, mais elles ne peuvent en rien infirmer le fait que nous avançons. C'est le mouvement général de la mer toute entière qui constitue la marée, ce ne sont point les fluctuations des vagues isolées.

La *lex Aquilia* vient, la première peut-être, témoigner en faveur de notre assertion. Une action de délit tendant à la simple réparation du dommage, était, que je sache, chose inconnue au droit romain ancien ; toutes ses actions tendaient à une peine, au moins au double. La *lex Aquilia* réalisait donc un progrès en établissant comme équivalent du *damnum injuria datum* la simple valeur de la chose pendant la dernière année ou le dernier mois. Elle ne donnait jamais donc que la *simple* réparation du dommage. Le Préteur se bornait rigoureusement à cette même réparation dans la plupart des actions pénales prétoriennes qu'il introduisit de son chef. Encore l'époque nouvelle couvrit-elle ces actions d'une autre défaveur en les sou-

la jurisprudence des tribunaux français. Ils savent mesurer la réparation du dommage assez largement pour que nul n'oublie jamais que si la justice civile a une balance, elle porte aussi une épée.

mettant à la prescription d'une année, tandis que les actions pénales de l'ancien droit civil étaient *perpetuae*. Je citerai, pour ne parler que des plus importantes : l'*actio de dolo* ([144]), l'*interdictum unde vi* et *quod vi aut clam*. L'action *quod metus causa*, elle aussi, ne tendait de prime abord qu'au simple, et ne s'étendait au quadruple que par la *contumacia* du défendeur. Le Préteur remplace la perte de la liberté pour le *furtum manifestum* par le quadruple de la valeur de la chose. Le triple est appliqué au voleur qui use de violence. La peine du talion, en cas de lésions corporelles, est remplacée par une amende à arbitrer par le juge. Dans le *nexum*, le défendeur était tenu du double, dans le prêt il ne paie plus qu'un et un tiers. L'ancienne exécution personnelle est essentiellement adoucie ([145]), elle peut même, dans certaines circonstances, être entièrement écartée (*cessio bonorum, condemnatio in id quod facere potest*).

Il est tellement évident aujourd'hui, dans toutes les actions réipersécutoires, que l'obligation du défendeur se borne à la simple prestation de l'*interesse*, que je dois m'attendre à quelque surprise, lorsque j'invoque ce fait comme une nouvelle preuve à l'appui de mon assertion. Et cependant la résistance de la conception ancienne a été telle qu'il a fallu une lutte pour conquérir et faire admettre ce principe. Que l'on compare seulement les cas cités plus haut (p. 16) de responsabilité du double avec les cas correspondants, tendant au simple, du droit nouveau : l'*actio auctoritatis* avec l'*actio emti*, l'*act. depensi* avec l'*act. mandati*, l'*act. rationibus distrahendis* avec l'*actio tutelae*, la responsabilité du possesseur, dans la *reivindicatio*, pour le double des fruits d'après le droit ancien, et pour le simple seulement dans le droit nouveau, celle du dépositaire d'après la loi des XII tables (p. 34) avec l'*act. depositi* de l'édit du Préteur,

([144]) Il en est de même des actions spéciales pour dol, p. ex. de l'*actio Pauliana* et de celles nommées dans la note 83.

([145]) Bethmann Hollweg, *Der römische Civilprozess*, II, § 113.

la peine pour la *dedicatio* de la chose litigieuse avec celle pour son aliénation de toute autre manière. Prétendra-t-on encore, après cela, que la responsabilité pour le simple *interesse* dans les rapports réipersécutoires soit quelque chose de naturel, de nécessaire ? Nécessaire, naturelle aussi est la verdure au printemps, mais vainement l'attend-on en hiver. De même aussi l'idée du simple *interesse* ne fut possible que lorsque son temps fut venu; sous le ciel rigide du droit ancien, elle ne pouvait s'épanouir, il fallait attendre des temps plus cléments.

Que ne puis-je, ici, développer plus longuement comment la jurisprudence romaine a fait l'application de cette idée de l'époque nouvelle. Elle n'a qu'une préoccupation, c'est que la réclamation du lésé se restreigne à la prestation de l'*interesse*, et ne dégénère pas en *poena*, c'est-à-dire lui fasse obtenir plus qu'il n'aurait eu sans l'action injuste de l'adversaire. Les occasions de sanctionner un résultat opposé ne manquaient certes point et je veux en nommer quelques-unes. La *mora* rend le débiteur responsable du *casus*. Mais que décider lorsque le *casus* aurait eu lieu même en cas d'exécution en temps opportun et aurait, par conséquent, atteint le créancier? Un juge de l'époque ancienne n'aurait, certes, eu aucun égard à cette circonstance. Les juristes nouveaux, eux, déchargent, dans ce cas, le débiteur de toute responsabilité (p. 65). Sinon, en effet, la réparation dégénère en *poena*. Lorsque le *malae fidei possessor* a aliéné la chose avant l'intentement de la *reivindicatio*, celle-ci n'est pas éteinte pour cela, car elle fait office, dans ce cas, d'action pénale. Mais que décider si le demandeur a déjà obtenu la restitution de la chose par d'autres voies ? Dans ce cas la revendication est éteinte ([144]). Il se peut qu'à raison d'un seul et même fait injuste, le lésé puisse intenter plusieurs actions en dommages intérêts complètement indépendantes. Supposons qu'après avoir intenté l'une et obtenu un résultat favorable, il introduise la seconde. Au point de vue du droit purement for-

([144]) L. 95, § 9 de solut. (46, 3) *quia nihil petitoris interest.*

mel, son action est recevable, mais la théorie des juristes l'en déboute (extinction des actions par concours). La solution reste la même lorsque le lésé veut diriger cette seconde action contre une tierce personne également responsable. Il se peut qu'outre l'action réipersécutoire, le demandeur puisse encore, du chef du même rapport, intenter une action pénale proprement dite, tendant à obtenir plus que la simple réparation du dommage, par exemple, le revendiquant peut aussi avoir *l'actio legis Aquiliae*, le déposant *l'actio furti*. Dans ces cas non plus, il ne peut espérer obtenir une condamnation plus élevée [145]. Ce n'est pas que la nature de ces actions s'y opposât, car on n'a nullement hésité à prendre dans la *reivindicatio*, *l'actio in factum ob alienationem judicii mutandi causa factam*, laquelle tend à la simple réparation du dommage, et à donner ainsi à la revendication la fonction d'une action pénale secondaire. Le vrai et le seul motif pour lequel on n'en a pas agi de même avec les actions tendant à une peine proprement dite, c'est que la jurisprudence répugnait à ces actions.

Le *juramentum in litem* mettait le coupable à la discrétion du lésé. C'était, d'après son but, moins un moyen de preuve qu'une peine [146]. Ce défaut de mesure choqua les juristes nouveaux, et sans crainte de méconnaître manifestement la nature traditionnelle de ce serment, ils n'hésitèrent point à accorder au juge un pouvoir modérateur [147].

Depuis l'époque des juristes classiques, l'opposition contre les peines privées s'exerce surtout contre les peines de procédure dont nous avons déjà suffisamment parlé (p. 66). [148]. Lors du

---

(145) V. p. ex. L. 13. L. 27, § 2 de R. V. (6, 1).

(146) L. 73 de fidej. (46, 1)... *propter suam poenam*. L. 60, § 1 ad leg. Falc. (35, 2)... *poenae causa adcreverit*. L. 8 de in lit. (12, 3) *contumacia punienda*.

(147) L. 4, § 2, 3. L. 5, § 1, 2 de in lit. (12, 3).

(148) Tout au plus faudrait-il encore mentionner l'abolition par Justinien de la *retentio propter mores* dans la *dos*. L. 1, § 5 Cod. de rei ux. (5, 13).

réveil du droit romain commença une nouvelle phase du combat contre le principe des peines en droit privé. J'ai déjà parlé de l'issue (p. 66) de cette lutte. A l'exception de quelques cas, fort rares, les peines privées des Romains, les peines pécuniaires aussi bien que les peines infamantes attachées aux *actiones famosæ* ne trouvent plus d'application à notre époque. Que ce fait emporte le regret ou l'approbation, il est un enseignement de l'histoire. Le principe de la peine en droit privé indique une phase inférieure de civilisation. Les progrès de la conscience juridique, le développement du droit la font disparaître pour mettre à sa place le principe de la réparation du dommage. Ce dernier satisfait-il dans la même mesure à toutes les exigences, donne-t-il au commerce juridique cette sûreté qu'apportait incontestablement avec lui le principe de la peine? C'est là une question dont la solution dépend essentiellement de la pratique des tribunaux dans l'appréciation des dommages-intérêts (149).

Les peines privées romaines, on le sait, ne se transmettaient point aux héritiers. Ce principe était pleinement justifié en ce qui concernait les peines privées proprement dites. Celles-ci avaient plutôt pour but une satisfaction et une réparation personnelles qu'une compensation en fait du dommage souffert. Mais où le principe perdait de sa vérité, et se traduisait en injustice, c'est lorsqu'il s'agissait d'actions en dommages intérêts, résultant de faits extracontractuels illicites et qui, d'après la conception romaine, tombaient également sous le point de vue de la peine. Le lésé, dans ces cas, voyait son droit livré au hasard de la vie ou de la mort de son adversaire. Les Romains sont cependant restés fidèles à ce principe; ils n'en ont fait fléchir la rigueur que pour les actes illégaux commis à l'occasion de rapports d'obligation préétablis. Le fait peut s'expliquer par des raisons historiques ou de forme, mais aucun motif de politique législative ou de morale ne le justifie. Bien plus, ce n'est

(149) V. G. LEHMANN, *Der Nothstand des Schuldensprocesses*. Leipzig, 1865.

que fort lentement que les Romains ont consenti à admettre, même dans maints rapports contractuels, le principe de l'hérédité. Il en fut ainsi notamment, dans tous ceux qui, à l'origine, étaient uniquement protégés par des actions de délit spéciales. Tels étaient comme nous l'avons vu (p. 31 et ss.) le dépôt, le mandat, la fiducie et la tutelle.

Au droit canonique fut ainsi laissé le mérite de proclamer la responsabilité de l'héritier même pour les violations extracontractuelles du droit et d'appliquer le principe de la réparation du dommage à des cas dans lesquels Rome n'avait encore pu se dégager de l'influence exagérée du principe de la peine. Le droit civil put accueillir ce progrès avec reconnaissance, bien que le droit canonique ne l'eût réalisé que par amour pour la morale religieuse.

Nous voici arrivés au terme de cette étude. Écartons les divers phénomènes particuliers qu'elle nous a dévoilés, résumons dans une impression totale les idées diverses qu'elle nous a suggérées, et rendons nous compte de ce que ce travail nous a fait acquérir. Nous avons tout d'abord constaté l'action constante, sur le terrain du droit, de forces intellectuelles élevées et générales, nous avons vu les idées se livrant à un travail sourd, tranquille, entassant imperceptiblement atôme sur atôme, poursuivant leur tâche à travers les siècles jusqu'à ce qu'elles aient accompli l'œuvre de la régénération et du rajeunissement du droit. Le deuxième fruit de nos recherches sera d'avoir reconnu que dans le domaine du droit, à mesure que l'humanité progresse, elle se rend un compte plus exact de la culpabilité et de la responsabilité, sa susceptibilité s'émousse, sa soif de peines s'apaise. *Les peines déchoient à mesure que l'idée du droit va grandissant. Plus l'ordre juridique se perfectionne, plus les peuples approchent de la maturité, et moins le recours à la peine devient nécessaire.* Cette proposition que je n'avais à vérifier que pour le droit privé s'étend bien au delà de ses limites, elle se recommande à l'attention de tous ceux qu'attire l'étude du droit criminel.

APPENDICE

L'écrit qui précède avait pour objet de montrer le développement de l'idée de la faute dans le droit romain privé. Comme dans tant d'autres matières qui ont pour premier objet le droit romain, il m'est arrivé que, sans le vouloir, je me suis élevé dans la région des idées générales; le droit romain m'a souvent conduit bien au delà de son propre horizon et m'a révélé des idées d'une vérité universelle. Tel a été le cas dans cet écrit et je suis convaincu que les vérités qu'il nous a dévoilées pourraient être utiles pour bien d'autres législations. Si je ne suis pas en mesure d'élargir mon cercle d'études au point de concourir moi-même à ce but, je puis du moins ajouter à cette étude ce que mes lectures m'ont fait apprendre en cette matière.

Les détails qui suivent se rapportent surtout à la première partie de ce travail qui a pour objet la période de la passion dans le droit, caractérisée par le défaut de discernement entre l'injustice coupable et l'injustice non coupable. Dans cette phase, toute injustice apparaît comme un délit qui réclame une expiation. Les législations suivantes offrent exactement les mêmes phénomènes, sous ce rapport, que l'ancien droit romain.

1. Droit hellénique

Toutes les actions, à l'exception d'une certaine catégorie (διαδικασίαι), donc aussi l'action née du contrat, ont pour base l'affirmation d'une *violation coupable du droit* de la part de l'adversaire (ἀδίκημα), et pour but le châtiment de la faute au moyen de son estimation (τίμημα). Cette estimation peut avoir été fixée une fois pour toutes par la loi (ἀγὼν ἀτίμητος), elle peut aussi ne devoir être établie que dans chaque cas particulier (ἀγὼν τιμητός). Cette distinction, disons-le en passant, présente une grande analogie avec le *certum et incertum* du droit romain. Toutes les actions de ce genre étaient donc des actions de délit. Toute injustice, même l'injustice objective était rangée sous la notion de délit, toute condamnation sous celle de peine. Elles s'appelaient δίκαι κατά τινος par opposition à celles, en petit nombre, qui ne reposaient point sur cette idée d'un ἀδίκημα et qui portaient le nom de δίκαι πρός τινα [1].

Les peines de l'ancienne procédure romaine dont nous avons démontré la corrélation avec l'idée ci-dessus se reproduisent aussi dans la procédure grecque, le *sacramentum* de la partie succombante revenant à l'État, à Rome, se retrouve dans les πρυτανεῖα, les peines envers la partie adverse dans l'ἐπωβελία ($^1/_6$ de la somme réclamée par le demandeur, dans le cas où il succombe) [2], et dans la τίμημα à payer par le défendeur.

---

[1] A. W. Heffter, *Die Athenäische Gerichtsverfassung*. Cöln. 1822, p. 116, 117 et p. 124, 125. V. sur la τίμημα : E. Platner, *Der Process und die klagen bei den Attikern*. Darmstadt, 1824. I, p. 191 s.

[2] E. Platner, *Der Process und die klagen bei den Attikern*. Darmstadt, 1824. I, p. 674 s. — Peines dans l'accusation publique : ibid. II, p. 3. — Dépot du παρακαταβολή, dans les διαδικασίαι, et du παράβολον dans les appels. K. F. Hermann, *Lehrbuch der griech. staatsalterthümer*, 4e éd. Heidelb., 1855, p. 411.

A la différence du droit romain, le droit hellénique n'a jamais séparé l'élément de faute dans le droit privé et dans la procédure civile: il ne s'est jamais élevé jusqu'à la conception des actions purement réipersécutoires. Même à l'époque de son plus complet épanouissement, il a toujours admis que toute action repose sur un ἀδίκημα de la part de l'adversaire, STAHL (1) cherche à revêtir cette théorie des plus brillantes couleurs. Je ne puis, quant à moi, y trouver qu'une imperfection, qu'un reste de la période la plus antique du droit. D'après STAHL, cette théorie reposerait sur une conception bien plus profonde de l'ordre moral du monde que la théorie romaine : elle serait inspirée par l'idée de la justice *réparatrice*, tandis que les Romains n'étaient mûs que par l'idée de la justice *protectrice*. La procédure même, qui d'après sa nature vient en aide à la justice protectrice, revêtirait encore chez les Grecs la *forme* de la réparation. Si STAHL avait connu ou étudié les matériaux que j'ai réunis par rapport au droit romain ancien, il lui aurait été difficile de reconnaître une haute perfection à une forme qui en réalité n'est que très imparfaite et d'en faire honneur à la supériorité de l'esprit grec sur l'esprit romain. Il aurait dû, logiquement, attribuer la même supériorité aux anciens Norwégiens, car ce phénomène se reproduit dans le droit ancien de la Norwège comme dans le droit hellénique.

2. DROIT ANCIEN DE LA NORWÈGE (2)

L'inexécution d'une obligation non contestable constitue un délit, le délit du *rán (rapine)*: le débiteur cherche à priver le créancier de ce qui lui revient. La rapine est la notion origi-

(1) *Die Philosophie des Rechts*, 2e éd. T. II, 1e partie, p. 249, Heidelberg, 1845.

(2) J'emprunte ce qui suit à K. VON AMIRA, *Das altnorwegische Vollstreckungsverfahren*. Munich, 1874, p. 231 s.

naire de ce délit, mais cette notion finit par s'appliquer à toute rétention injuste. Le débiteur qui ne restitue point l'argent prêté commet aussi une rapine. L'auteur d'une rapine, qui refuse de restituer, en commet même une double, la première consiste dans la soustraction violente de la chose, la seconde dans le refus de la restituer. L'ancien droit des gens romain nous offre une curieuse analogie avec cette assimilation de toute rétention injuste à la rapine : *Veteres*, dit SERVIUS ad Aen. X, 14 : *laedere res rapere dicebant, etiamsi rapinae nullum crimen existeret; similiter satisfacere* RES REDDERE *dicebant*. Il n'est pas impossible que cette concordance de la conception romaine ancienne et norwégienne ancienne ne soit un vestige du temps le plus antique des peuples indogermaniques. De pareilles traditions sont fréquentes ([1]). La grande extension de la notion du *furtum nec manifestum* dans l'ancien droit romain fournit un autre parallèle. La notion originaire est le *furtum* dans le sens naturel : la soustraction, mais la notion a été, comme celle du *rán*, étendue à une série d'autres cas ([2]).

Pour que l'inexécution de l'obligation fût considérée comme un délit, deux conditions étaient nécessaires : le caractère non douteux de la dette et le refus formel d'acquitter celle-ci. N'était non douteuse que l'obligation contractée devant témoins, peu importait qu'elle eût pour objet de l'argent (même des loyers ou des salaires promis) ou des services. On lui assimilait l'obligation reconnue par le juge ou l'arbitre. Un avis préalable devait constater le refus du paiement. Cet avis constituait une condition de forme de l'action (*Krafa*, de *Krefja* : exiger). L'action tendait régulièrement au double, dans quelque cas, à une peine fixe à payer outre la prestation de l'objet originaire de la dette.

([1]) Je rappelle p. ex. les formes de la visite domiciliaire pour découvrir les objets volés. *Esprit du D. R.*, T. II, p. 153, note 213.

([2]) V. eod. T. IV, p. 28, note 15 et p. 138 n. 198, et d'autres cas p. ex. l'*actio de tigno juncto, rationibus distrahendis*.

Par le jugement, le créancier obtenait le droit de se faire justice et chacun pouvait et devait lui prêter aide sur sa demande. La résistance excluait de la paix son auteur et tous ceux qui y prenaient part.

L'auteur auquel nous empruntons ces intéressants détails, trouve le fondement de cet état particulier de choses dans ce fait, que le droit norwégien ancien n'a jamais connu la distinction entre l'injustice civile et l'injustice criminelle. Il se serait exprimé plus exactement, en disant que ce droit, pas plus que le droit hellénique, ne s'est jamais élevé jusqu'à l'idée de l'injustice civile sans préjugé ou objective. L'auteur admet lui-même que le droit norwégien connaissait la distinction entre le droit public et le droit civil; il reconnait que les contestations civiles étaient tranchées d'une autre manière que les contestations publiques. L'erreur dans laquelle il verse est celle que l'on commettrait en rangeant l'*actio furti* dans le droit criminel de Rome. L'*actio furti* était une action de délit, mais les actions de délit appartiennent au droit privé. Tout ce que dit von Amira au sujet de ces actions de délit de l'ancien droit norwégien, ne s'éloigne en rien des règles qui régissaient ces mêmes actions dans le droit romain. Le véritable caractère de ces institutions lui a échappé. Il doit se chercher dans l'impressionnabilité du sentiment juridique chez les peuples dans l'enfance. Je l'ai montré pour le droit romain et le même phénomène se reproduit partout.

3. ANCIEN DROIT GERMANIQUE

L'inexécution de l'obligation de la part du débiteur ou de la caution est punie, peu importe qu'ils soient en faute ou non; ils ont été condamnés, ils ont tort. La même raison fait punir le demandeur débouté de son action. Il a tenté de s'approprier une chose qui ne lui revenait point, à obtenir un avantage sur le défendeur. Qu'importe qu'il l'ait fait sciemment ou de bonne foi. Il n'est point question de savoir s'il a commis une faute. Demandeur et défendeur s'en tiennent au simple fait.

Je dois abandonner à d'autres la tâche de poursuivre pour d'autres législations de la même période de civilisation la preuve de la théorie que j'ai, le premier, établie pour le droit ancien de Rome. Mais même pour le droit romain, malgré les nombreux matériaux que j'ai recueillis, la matière est loin d'être épuisée. J'ai moi même encore découvert des détails que je n'avais point remarqués tout d'abord, à cause de leur peu de relief. Ainsi, par exemple, je crois que c'est la jurisprudence romaine nouvelle qui la première a fait valoir l'élément de faute dans la *mora*. A mesure que j'ai pénétré l'esprit du droit romain, il m'a paru de plus en plus impossible, qu'à l'époque ancienne la *mora* ait eu pour base une condition de culpabilité individuelle, qui lui eût imprimé ce caractère d'incertitude, d'indétermination et d'instabilité que qualifie la L. 32 pr. de usur., (22, 1). *Difficilis est hujus rei definitio. Divus quoque Pius Tullio Balbo rescripsit : an mora facta intelligatur, neque constitutione ulla, neque juris auctorum quaestione decidi posse, cum sit magis facti quam juris.* Je ne connais aucune institution du droit ancien à laquelle puisse s'appliquer pareil jugement. Chaque notion est si solidement construite, si nettement délimitée que le vague dans l'application ne s'y peut comprendre. Baties sur des criteriums extérieurs, formels, abstraits, les cas particuliers quelles que fussent leurs nuances ne pouvaient les atteindre. Le droit nouveau, le premier, a individualisé le droit. L'évolution qui s'est accomplie sous ce rapport a été démontrée dans une autre étude, lorsque j'ai traité du temps et de l'*interesse* [1]. La *mora*, à mon avis, a subi la même transformation. Elle ne fut pas, à son origine, telle qu'elle apparait dans nos sources. Elle s'est tout d'abord montrée sous un aspect plus abstrait, plus formaliste ; la jurisprudence postérieure l'a individualisée en la rattachant aux principes sur la faute et sur l'*interesse* individuels. L'ancienne *mora* n'exigeait, à mon avis,

[1] *Esprit du D. R.*, T. II, p. 108 s.

que deux conditions : l'échéance de la dette et la constatation formelle de l'inexécution, au moyen d'un avis. (Je rappelle ici la *Krafa* de l'ancien droit norwégien, (p. 79). La culpabilité subjective n'était point prise en considération. En dehors du cas de perte de la chose par suite d'un *casus*, ce qui équivalait au paiement, peu importait que le débiteur connût ou non la dette (la chose était possible pour l'héritier), peu importait que ce fût par sa faute ou non qu'il se trouvait hors d'état de payer, l'inexécution lui était imputée *(per eum stetit)*, il devait en répondre. L'interpellation, au contraire, était une condition indispensable, elle tenait à la forme même de l'action, comme la *litis denunciatio* en cas de recours du chef d'éviction ; elle avait pour ainsi dire l'importance et l'effet d'un protêt.

Les juristes postérieurs exigèrent à leur tour, l'élément purement individuel de la faute du débiteur, et en accueillant cet élément complètement étranger à l'institution primitive, ils imprimèrent à celle-ci un caractère d'ambiguité et d'incertitude d'où est née cette discussion non encore close de nos jours, sur la nature de la *mora* : la *mora* renferme-t-elle une *culpa* ou non ? Dès l'origine, la *mora* reposait sur l'idée de la culpabilité, mais de la culpabilité dans le sens où l'antiquité la concevait partout : « tu n'a pas presté, donc tu es coupable, ta faute gît dans l'absence de prestation. » Abandonnant ce point de vue de la *culpa* abstraite, les juristes postérieurs y substituèrent celui de la *culpa* individuelle. Ils suivaient les idées de leur époque, que nous venons de développer dans l'étude qui précède. Ils procédèrent de même pour la question des dommages intérêts par rapport à la responsabilité du *casus* ; là ils permirent au débiteur de soutenir, sous forme d'exception, que la chose aurait péri entre les mains du créancier même en cas de prestation en temps opportun, sauf à ce dernier à répliquer à son tour que, vu sa position personnelle, il aurait vendu la chose.

Ramenant cette double transformation de l'institution à un point de vue unique, nous pouvons dire : la *mora* devient un cas d'application des dommages intérêts. Point de responsabilité sans faute, point de réparation sans dommage : donc le non coupable ne sera point inquiété et le créancier ne puisera pas un enrichissement dans la peine. Ce que l'institution conserve encore de son esprit primitif, c'est que le créancier est dispensé de preuve, tandis que c'est affaire au débiteur d'énerver le reproche de faute *abstraite* par la preuve contraire de sa non culpabilité individuelle.

La même évolution paraît s'être accomplie par rapport à la responsabilité du défendeur pour le *casus*, dans la *reivindicatio*. Dans la théorie des juristes nouveaux, elle est complètement assimilée à celle du débiteur qui se trouve *in mora*. Mais anciennement cette responsabilité a dû être plus rigoureuse ; elle imposait le *casus* au possesseur, d'une façon absolue, sans tenir compte de la faute et sans examiner s'il était *bonae* ou *malae fidei possessor* (L. 40 p. de pet. 5, 3). Bien que le témoignage des sources me fasse ici défaut, je ne doute point cependant que l'ancienne jurisprudence, même dans ce cas, n'étendît la responsabilité tout aussi loin que dans la *mora*, c'est-à-dire sans s'inquiéter si la chose aurait également péri chez le demandeur. Celui qui croit avec moi que chaque solution particulière est influencée par les idées générales de toute l'époque, ne pourra guère arriver à une autre conclusion. Celui qui ne connaît et ne reconnaît que des textes du *corpus juris*, ne peut faire autrement que de la rejeter.

www.ingramcontent.com/pod-product-compliance
Ingram Content Group UK Ltd.
Pitfield, Milton Keynes, MK11 3LW, UK
UKHW031929260826
14628UKWH00004B/1505

9 782019 127381